「デブは甘え」という呪い。

ダイエット飯研究家
パーソナルトレーナー
じゅん

CCCメディアハウス

ダイエットとは、ライフスタイル。
誠実に食べ、ハッピーに生きよう。

はじめに

痩せるには、いい意味で「あきらめる」こと

こんにちは。じゅんです。ダイエット指導者をしています。

このたび、ダイエットの成功にとって大切な、「マインド（こころ）」の持ちかたについて、本を書くことにしました。

僕はいままで、1000人以上の方のダイエット指導にあたってきました。2019年からは、ツイッターやインスタグラムを通じて、「手間をかけずに、しっかり食べて、痩せる」ためのレシピを発信しています。発信を続けているのは、ダイエットをがんばっている皆さんに、挫折してもらいたくないと思っているからです。僕のレシピのコンセプトはいたって明快。

かんたん調理＋食べ応えがある＋痩せる（栄養バランスが整っている）＝痩せるズボラ飯！

無理なくダイエットを続けていくことを第一に考えています。レシピは『痩せるズボラ飯』（KADOKAWA）という本にもなっています。その一方で、ダイエットを成功させるためのマインドについても、皆さんにお伝えしたいと思っていました。

なぜなら、

ダイエットを成功させるには心身のバランスを整えること。

これが不可欠だからです。

レシピはいわば、「痩せる」ための「メソッド（方法）」です。しかし、メソッドだけを知っていても、それをうまく使いこなすことはできません。メソッドを存分に使いこなすには、「ナレッジ（知識）とマインド（こころ）」が必要です。

ダイエットは本来長い時間がかかるものです。もっと言えば、一生続けていくものです（本書で追い追い説明していきます）。そして、痩せるためには「摂取カロリー＜消費カロリー」の生活が自然に成立している必要があります。

ダイエットについてある程度の知識がある方ならご存じのことですよね。

でも……。頭で理解できてもこころがついていかない、ということがありますよね。わかっているのに、つい間食がやめられない……。ドカ食いしちゃいけないと思っているのに、食べてしまって自己嫌悪……。結果、ダイエットに挫折する。本当によくある話です。

そこで、痩せるための食生活を続けていくためにも、こころ（マインド）を大切にしてあげる必要があるのです。マインドにフォーカスするためにも、正しい知識（ナレッジ）を身につける必要があるのです。

日本には根強い「体重信仰」「痩せ信仰」があります。そのせいで、体重計の数値に一喜一憂し、食べることに罪悪感を抱いてしまう。僕はダイエット指導をするなかで、そうした罪悪感で、自分に自信を持てなくなってしまっている方たちをたくさん見てきました。

100グラムでも体重が増えたら「痩せなきゃ」と焦り、他人から見た目について言及されたら人格まで否定されたような気持ちに陥ってしまう。

結果として脚光を浴びるのが、短期間で大幅に体重を落とすダイエットです。ネットを見ればそういう情報はあふれているし、短期で結果を出すことを謳うプログラムも人気です。

でも、あえてはっきり言わせてください。

「短期間で痩せることをあきらめたひとから本当の意味でダイエットを成功させることができる」のだと。

これも本書で詳しく説明していきますが、仮に短期で著しい結果を出せても高確率でリバウンドしてしまうし、長期的にはダイエットの悩みも解消されない可能性が高いのです。

一時的に体重が変わっても、結局、心が変わっていないから。

健康的な食生活は、健全なこころと共にある。

せっかく短期で痩せても、痩せる前とマインドが変わっていなければ、やがては元の食生活を送ることになります。

空腹感も満腹感も、糖質を摂取したくなることも、過食がやめられないことも、あらゆる食に関する行動には、脳の働きが関わっています。ですから、体を変えるテクニックばかりに意識を注ぐのではなく、脳の仕組みを学び、そして、心をケアすることにも意識を傾けてほしいのです。体重の変化を気にするよりも、こころの繊細な変化に気づけるようになれば、ダイエットもうまくいきます。

本書はダイエットに関わる大切なマインド（こころ）を8つのカテゴリーに分けて紹介していきます。

● MIND 1：「自分を愛すること」について。これが何よりも大切なのは、自分を愛せないと、仮に痩せることに成功しても、本当の意味で幸せになることができないからです。

●ＭＩＮＤ２：ダイエットにおける「正しい目標設定」について。間違った目標設定をしてしまうと、ゴールまでたどり着けないからです。

●ＭＩＮＤ３：「生活を整えること」について。ダイエットをはじめてまずすべきことについて説明します。

●ＭＩＮＤ４：「食の正しい知識」について。ダイエットは食生活が９割です。カロリーや栄養について正しい知識を持つ必要があります。

●ＭＩＮＤ５：「完璧主義をやめる」ことについて。ダイエットに挫折しないために欠かせない気の持ちようです。

●ＭＩＮＤ６：「体重」について。体重計の目盛りで嫌気がさしてダイエットに挫折するひとが多いからです。

●ＭＩＮＤ７：「動くことの本当の意味」について。運動の目的を痩せることに設定すると、うまくいかずにダイエットに挫折するからです。

●ＭＩＮＤ８：「過食のメカニズム」について。これを知ることで、過食をしてもヤケを起こして挫折をせずに済みやすくなります。

ぜひ、体だけじゃなくこころを大切にしてあげよう。ダイエットは人生を豊かにする手段の一つ。

本書がそのお役に立てますように。

それでは、はじめていきましょう！

もくじ

MIND 2

目標は正しく決める。

MIND 3

毎日を気持ちよく生きる。

MIND 4
食べることは生きること。 …… 81

MIND 7

運動までできたら超スゴイ。

MIND 8 食べすぎたら「おいしかった!」でオールオッケー!……169

呪われ度チェック

**次の12項目のうち、
当てはまるものはいくつありますか？**
（※診断結果は18ページ）

- □ 朝起きて、体重が増えていると落ち込む
- □ 入浴後に300グラム減っていたら、嬉しくなる
- □ 100グラム増えるのが嫌で水を飲むのをがまんしてしまう
- □ スイーツを食べたあと、自己嫌悪する
- □ 食事を「美味しそう！　食べたい！」ではなく、「太りそう／痩せそう」で判断する
- □ スタイルのいい友達に対して劣等感がある
- □ 服を選ぶとき、太って見えないように暗い色のものを買う
- □ 体型が隠れる服を買う
- □ 新しいダイエット方法やサプリに飛びついてしまう
- □ 運動をしないと不安になる
- □ 痩せられないのは甘えだと思っている
- □ 痩せなければ幸せになれないと思っている

MIND **1**

自分にやさしくする。

やさしくす

「痩せなきゃいけない」という思い込みからの脱却

◆痩せることは幸せの「すべて」ではない

これからダイエットを成功させていくために必要な知識をお伝えしていくのですが、まずは先ほどのチェック項目から見ていきましょう。

思い当たる項目が4個以上あった場合、あなたは「痩せたい」のではなく「痩せたいと思わされている」可能性がとても高いです。

現代社会で生きていると、テレビやネット、SNSなどあらゆるメディアの影響で、

痩せていることこそ正義、太っていることは悪
痩せているひとは価値があり、太っているひとは価値がない
痩せているひとは自分に厳しく、太っているひとは自分に甘い

といった価値観が形成されていきます。

しかし実際にはそれはメディアが都合のいいように形成した価値観であり、つくられた欲求です。

僕はダイエット指導者として活動をしていますが、全人類が痩せる必要があるとはそもそも思っていません（もちろん健康に問題があるのであればある程度まで痩せるべきですが）。**ダイエットというのは人生を豊かにする〝手段の一つ〟**に過ぎず、その手段を利用するもしないも個人の自由です。

にもかかわらず、先ほど触れたように、現代社会では「ダイエットをしていないひとはおかしい」といった色合いが濃くなっています。

本来痩せる必要がないひとが「もっと痩せなきゃ」と強迫観念に陥ってしまい、疲弊していく。

人生を豊かにする手段の一つであるはずが、ダイエットに人生を支配されてしまっているのです。

だからまず僕は伝えたい。そもそも全員が全員、痩せる必要はない、と。別に痩せていなくとも幸せにはなれるし、人生を楽しめる。

なので本書を読み進める前に、

「痩せなきゃいけない」という固定観念は捨てましょう。

いきなり捨てるのが難しい方も「そういう考えもあるんだな」くらいに思っていただけたら幸いです。

と言いつつも、残念ながら「外見がいい（スタイル含め）ひとのほうが生きやすい」という現代社会であることも事実です。「痩せたい」「きれいになりたい」といった思いを否定するつもりはありませんし、自分磨きはとても素敵だと思います。

だからまずは、もしダイエットをするならば、その理由を「痩せなきゃいけない」といった外発的動機からではなく「痩せたい・きれいになりたい」といった内発的動機に変換しましょう。そのうえで、正しく痩せるために必要なこころの持ちかたと知識をお伝えしていきます。

1

呪いのことばを捨てよう

「デブ」や「ブス」ってことばを使うのはやめよう。たった2文字が呪いになる。「わたしってデブだから」が口ぐせになると、ほんとうにそのキャラみたいな行動をしてしまう。あなたが発することばをいちばん最初に聞くのはあなたの耳だからね。

良くも悪くも、ことばには強い力があります。ひとは周囲からレッテルを貼られる（ラベリング）と、実際にそのようなひとになっていくのです。たとえば、「あなたは落ち着きがない子だね」って言われて育ったひとは、本人も無意識のうちにそのラベルに沿った行動を強化してしまいがち。これをラベリング理論というのですが、実は自分自身に対する声掛けでも同じことが起きる可能性があります。「わたしって太ってるから」と口ぐせのように言っていると、いつの間にか、本当にそのキャラクターに合った行動をするようになっていく。ふだん使うことばは、潜在意識として脳に刷り込まれていくのです。基本的にはマイナスにしか作用しないから気をつけましょう。どうせ発するのなら、前向きで素敵なことばを。

2

減点方式より加点方式で

ダイエットにおいてうまくいかないことがあるとどんどん減点してしまう方は多いけど、採点方法を加点方式に変えちゃおう。大丈夫、生きてるだけで100点満点。

「今日も運動できなかった」「誘惑に負けてお菓子食べちゃった……」うまくいかないことがあるたびにマイナス10点、マイナス15点、と持ち点を減点してしまうとダイエット自体がつまらなく、しんどくなってしまいます。大事なのは、できなかったことではなく、できたことに目を向けること。「運動はできなかったけど、エレベーターではなく階段を使った」「自炊はできなかったけど、コンビニでお菓子を買わずにすんだ」……。生きてるだけで100点なのだから、あとはどんどん加点してあげるだけ。

3

自己肯定のための他者肯定

ダイエットをするうえで自己肯定感はとても大事だけど、いままで自己否定をくり返してきた方が急に自分を認めてあげるのは難しい。そんなときは、意図的に他者を肯定してみよう。

〝自己肯定感〟これは近年よく聞くことばですよね。自己肯定感とは、ありのままの自分を肯定できている状態です。そして自己肯定感の高さはダイエットをする際に、とても大切。ただ、いままで日常的に自己否定をしてきた方が急に「わたしは素晴らしい！」と思うなんて難しいですよね。そこで大事なのが、他者肯定。自己肯定感は他者とのコミュニケーションで育まれていきます。だから、まずはリスペクトを持って他者に接していきましょう。大事なのは、無条件で相手を肯定すること。「あのひとはスタイルが良くてすごい」のような条件つきのリスペクトではなく、他者の存在自体をリスペクトするのです。ひとそれぞれ日々を懸命に生きています。その点を認めて肯定してあげましょう。他者を無条件に肯定することで、次第に自分自身も無条件に肯定ができるようになっていきますよ。今日も一生懸命生きてえらい。

4

事実は変えられないけど解釈は変えられる

「暗い」のではなく「優しい」のだ。「のろま」ではなく「ていねい」なのだ。「失敗ばかり」ではなく「たくさんのチャレンジをしている」のだ。心理学の大家アドラーのことばです。短所も、不運も、とらえかた一つ。

ダイエットをしていると、さまざまな問題に直面します。落ちない体重、がまんできない食欲、続かない運動、そんな自分に自己嫌悪。ただ、そんなときに悪いことばかりに意識を向けていると疲れてしまいます。物事というのは良い面と悪い面の二面を有しています。悪いことでも、視点を変えるといい面を見つけられるものです。「お菓子を食べた」ときに「太ってしまう、わたしはダメなやつだ」と思う必要はなくて「こころのいい栄養になった！　美味しかったしハッピー、またがんばろ！」で十分です。起きた事象は変えられないけど、解釈はいくらでも変えられる。いかに自分に都合よく思えるかがダイエット成功の鍵だったりします。

「デブは甘え」という呪い

◆ことばは人生だって変えるから大切にしよう

僕は「デブ」ということばが好きではありません。

日常でもけっして使いませんし、見聞きするのも抵抗があるほどです。だけど、本書では最初にお伝えしておきたいことがあるから、少しだけ使わせてもらいますね。

僕はなぜ、このことばが嫌いなのか？　良い意味で使われることばではないからです。たいていは、揶揄《やゆ》、あるいは嘲笑の場面で使われることばですよね。**たった2文字なのに、負のパワーが強すぎる**ことば。「ブス」ってことばも同じ。

だけど、僕たちの日常を見つめてみると、「デブ」も「ブス」も、わりとカジュアルに使われることばなのですよね。言われたことがある、というひとも多いと思うのです。

実は僕も、昔、「デブ」と言われたことがあります。

僕は体質的に太りやすく、小学4年生くらいまではむっちりとした子どもでした。10歳前後の子どもたちのことなので、軽い気持ちでちょっとした「いじり」のつもりで、「デブ」と言ったのでしょう。

成長期で背が伸び、中高時代に運動部に入ったことがきっかけで、自然と痩せていき、その後はあまり言われる機会もなくなりました（厳密には大学時代にいちど太り、そこから再起したのですが、それはまたどこかで）が、いまもずっと記憶に残っているのです。

このことばが良くないのは、言われたその一瞬だけでは済まないことです。後から、ボディブローのようにじわじわと効いてくるのです。これが、地味にきつかった。じわじわと嫌な感覚は、5年も10年もつきまとうものです。

たった2文字の呪い。

だから、ことばを軽視しないでほしい。それが誰かの人生を変えてしまうことだってあるのだから。無責任に、不用意に使っちゃいけないことばなのです。

◆「デブ」は自己管理ができないという偏見にさようなら

もう一つ。僕には、2文字の呪いと一緒に封印してしまいたい偏見があります。

これ。

「デブ」は甘え。
「デブ」=自己管理ができないヤツ。

「太っているひとは、自分に甘い」という考えが、蔓延《まんえん》しています。でも、僕は強い違和感を持っています。

偏見が蔓延している理由を考えました。やはり、太る原因として、ジャンクな食べもの、ラーメンやケーキ、お菓子なんかを食べすぎることが挙げられるからでしょうか。

そのせいなのか、太っていることと、

「誘惑に打ち勝つことができない」
「だらしない」

といったイメージが結びつきやすいのだと思います。

でも、**実は太る原因って、そうシンプルではない**んですよ。まずはそのことを知っていただきたいと思っています。

太る要因には、そのひとの人格や性格、意志の強さとは関係ない、もっと別のところが関係していることがあるのです。

たとえば、

● 生まれ持った体質
● 生まれ育った家庭環境
● 病気の影響

こうした、自分ではどうしたってコントロールできないことが大きな要因となっているケースは意外とあります。つまり必ずしも本人の責任とはかぎらないのです。もう少し、深堀りしてみましょう。

◆母親が太っているとペットまで太る?

アメリカでは、「母親が太っているとペットまで太る」ということばがあります。

一般のご家庭では、料理をする母親の食の嗜好《しこう》でメニューが決まります。だから、母親が太っているご家庭では、子どもたち、そしてペットまで太ってしまうというわけです。

たしかに、太っているひとには、幼少期からずっと太っていたというケースが少なくありません。子どものころに太ってしまったのは、ご家庭の食生活の影響というのはよくあることなのです。

いちど身についた習慣とは、変えるのが難しいものです。幼少期からずっと、内容、量ともに健康的ではない食生活が当たり前に、何年間もくり返されたとしたら……。その食生活を大人になってから急に改めるのは、想像しただけでも大変なことですよね。肥満は生活習慣病ですが、その生活習慣が身についたのは幼少期ですからね。

いま痩せているひとは、偶然、環境に恵まれていたのかもしれません。もちろん、努力した結果、痩せたというひともいるでしょう。それは素晴らしいことです。しかし、だからといって、同じことをひとに求める必要はありませんよね。こう考えましょう。

「あなたが努力できる素晴らしいひとである」ということと、**「他人がだらしないダメな**

ひとである」ということは、イコールではない。

短絡的にひとを判断するのはやめて、体だけではなくこころから、どんどん美しくなっていきましょう。そうしないと、本当の意味で、こころから自分に自信を持つことがいつまでもできないと思います。

◆甘えているからダイエットに挫折するのではない

さて、ここまで「デブは甘え」という偏見について説明してきました。こうした勘違いを多くのひとがしているのは残念なことですが、最後に僕がいちばん心配していることをお伝えしておきます。それは、太っていることを気にしている本人さえ、同じ勘違いをしている。偏見を信じ込んでしまっているというケースです。

もし、あなたが、何度もダイエットに挫折していて、「わたしは意志が弱いダメなヤツ」「わたしには価値がない」なんて思い込んでしまっているのだとしたら、このパートをくり返し読んでいただきたい。

そんなことはありません。

あなたはダメではありません。

しかし、こんなふうにお伝えしてもなお、あなたは、「確かにそうかもしれない。体質の話も聞いたことあるよ。だけどわたしは、ただのだらしない自分に甘いデブだから」と思っているかもしれません。確かに、少なからず性格だって関係するでしょう。しかし、気づいていただきたいのです。

「デブは甘え」というフレーズは、ある種の言いわけにもなっているのです。

「わたしが太っているのは、自分に甘いからである」と痩せられない原因を決めつけることで、逃げ道をつくってしまうからです。

痩せるためには、意志、やる気、モチベーションが必要だとあなたは思っているかもしれません。しかし、そうしたものを頼りにしすぎると、ダイエットはうまくいきません。

「気合いが足りなかったから、次は本気出す」
「意志が弱いから、食べてしまう」
「最初はがんばるんだけど、つい流されて……」

こんなふうに、**ダイエットをくり返しているのは、あなたが甘いせいではない。方法を見直す必要がある**のです。ここでは、気持ちを切り替えるためのヒントを一つだけ言いますね。

残酷なことに、太りやすい食べもの（糖質、脂質）ほど、依存性が高いということをご存じでしょうか。それらを食べると、脳内で快楽物質が分泌されます。だから、お腹がすいていなくても、快楽を求めて食べすぎてしまうのです。

こうした**脳の機能にかかわることを、意志でコントロールするのは本当に困難**です。ぶっちゃけ、ダイエットの挫折は本人の意志とは、もはや関係ありません。意志、やる気、モチベーションがあてにならないというのはそういうことです。

どうでしょうか？　こうした状況を知れば、「デブは甘え」なんて安易に言えなくなりませんか？

◆そのひと言が、誰かの一生を左右することもあるんだよ

なぜ本書の最初で、このことを書いておきたかったのか。僕はいままで、1000人以上のダイエット指導をしてきました。そんななかで気づいたのは、**傷ついているひとが少なくない、**ということでした。

これ以上、痩せる必要なんてないひとから、痩せたいと相談を受けることだってよくあります。無理なダイエットが原因で摂食障害になってしまったひとも見てきました。よくよく話してみると、**コンプレックスを持っている多くのひとには悲しい傷がある**のです。

「デブ」と言われて、痩せる決意をした。

わたしが太っているのは意志が弱いせいだ。

わたしはなんて、ダメなんだろう……。

つらい経験をされたひとならきっとわかりますよね。軽い気持ちでもひとに「デブ」なんて言ってはいけない。そして、自分にもけっして言ってはいけない。自分を傷つけてはいけない。自分をいじめるのをやめたとき、前途はきっと明るいものになるはずです。

⑤ 体と同じくらいこころを好きになろう

ダイエットに成功し、自分を好きになる。「痩せているわたし」だから好き、なのではない。「痩せるために行動できたわたし」だから好き。「痩せていないわたし」は価値がない、なんてことはないのだから。

ダイエットに成功して自分に自信を持てることは素晴らしいけど、一つ注意したいのは「痩せたわたし」を好きになるのではなく「痩せるために行動できたわたし」を好きになりましょうね、ということ。前者は外見（姿形）で、後者は中身。「痩せているわたし」一点のみで自分を好きになると、少し太っただけで、また自信が持てなくなる。痩せていないわたしには価値がないと思い込んでしまう。残念ながら、人間は皆、老いていきます。20代のころの肌感をずっと維持するのは不可能です。もちろん努力は大事だけど、結果に固執するのではなく、過程を認めてあげることも大切です。だから外見と同じくらい、いやそれよりも中身を好きになれるといいですね。目に見えるものだけではなく、見えないものの価値を高めていきましょう。

MIND 2

目標は正しく決める。

正しく決め

6
他者でなく、あなたに立ち向かおう

ダイエットのライバルは他の誰でもないあなた自身。目指すのは、史上最高のあなた。

ダイエットにおける比較対象は「自分自身」です。ダイエット中って、他人と比べて焦ったり落ち込んだりしてしまいがちだけど、正直、ひとと比べるのは何も意味がありません。なぜならそのひととあなたは、体質も筋肉量もライフスタイルも何もかも違うから。比べるべきは他者ではなく、「過去のあなた」。憧れのひとを「参考にする」程度ならいいけど、そのひとにはなれない。昨日の自分よりすこしでも前進していたら100点満点。

⑦ 正しく目標設定をしよう

本来あるべき姿は、ストレスなく快適な体型。たいていは「理想の体型」のちょっと手前くらいかな。

（ある程度は食生活に気をつけつつ）ストレスなく過ごせる快適な体型が、本来あるべき姿ですからね。ちょっとしぼれば理想になれるくらいがいちばん自然体だったりする。維持をするのに極度なストレスがかかるのであれば、それは不自然な状態です。これに関係する話で、年齢を重ねてからはじめるダイエットで「20歳のときの体型が理想だったから、その体重を目指す！」といった目標設定も要注意。なぜなら歳を取ると、確実に筋肉量が減り、代謝も落ちているから。仮に当時の体重を目指しても、当時の体型にはなれないことが多いです。もちろん当時の体重を目指すのはいいんだけど、固執する必要はありません。というより、固執してしまうと高確率でうまくいかなくなります。ある程度は体重を落としつつ、筋肉をつけながらシェイプアップをしていくことがいちばん体型を取り戻せる。

8

すぐに痩せる方法は「ない」とあきらめよう

当たり前のことを当たり前にやる。コツコツやるのは時間がかかる。でも、結局それが、いちばんの近道。

インスタグラムのストーリーでQ＆Aをするたびに思う。やっぱりみんな、すぐに、ラクに、がっつり痩せられる方法があると思い込んでしまっているんだな、と。気持ちはめちゃくちゃわかるし、そんな方法があるなら教えてあげたいけど、現実は当たり前のことをコツコツやるしかないです。ラクにすぐに痩せる方法はありません。いい意味で、そんなふうに〝あきらめられた〟ひとから痩せていきます。だからまずはスピードよりも〝継続のしやすさ〟〝楽しさ〟を重視しましょう。ラクに痩せる方法に飛びつく→痩せない→また新たな方法に飛びつく→痩せない。そんなことをくり返していると、すぐに10年くらい経ってしまいますからね。ダイエットでまず最初にやるべきことは、このマインド部分の再構築です。

9

「ダイエット＝がまん」という考えを捨てよう

スイーツをがまん……。揚げものをがまん……。ファストフードをがまん……。がまんして、ジョギング……。でも、「ダイエット＝がまんすること」ではない。

ダイエットとは、「ひたすらがまんすること」だと思われているけど、実は逆。そうではなくて、「がまんしない」体になっていくことが大事なのです。そのための手段はいくつもあるから、正しい知識を身につけましょう。目指すのは「無理しないでも太らない生活」を送れるようになること。「がまんすること」を目標にしちゃいけない。目指す場所を間違えちゃうと、一生つらいままですからね。

10

マイナスをゼロにしていこう

痩せるためにどうする？　新しく何かを〝はじめる〟より、身についている悪習慣を〝やめる〟。

ダイエットをしようと決めたら、いろんなことを新たにはじめようと思いますよね。1日1万歩のウォーキング、自炊中心の食生活にする、など。新しい習慣を身につけるのは、もちろんとても大切なことです。でも、その前にすべきことがあります。それは、すでに身についている「悪習慣」を減らすこと。いくら良い習慣を身につけようとしても、悪習慣が残っている場合はうまくいきません。落ち着いて、まずはマイナスをゼロに引き上げるイメージから。ちょっとやそっとじゃ崩れない土台をつくりましょう。

正しいゴールを知らなければ道に迷う

◆ダイエットをする理由と目標を見つめ直す

あなたがダイエットをはじめようと考えているとします。その**理由はなんでしょうか？**
見た目と内面、両方から考えてみましょう。

まず、見た目の理由として、

- 痩せたいから
- きれいになりたいから

これは、どんなひとにも共通しそうな主な理由です。

では、なぜ痩せたいのですか？　なぜ、きれいになりたいのですか？　**内面的な理由について、立ち止まってちゃんと考えてみてください。**できれば紙に書き出してみましょう。

痩せてファッションを楽しみたいから。きれいになって、パートナーを驚かせたいから。コンプレックスを克服して自信を持ちたいから……。

理由は個々人の内面に深くかかわりますが、かなり大ざっぱに言うと、幸せになりたいから、ということになりそうです。では、さらに考えてみましょうか。

あなたにとって、幸せとはなんですか？

ずいぶん抽象的な話に聞こえるかもしれません。しかし、自分にとっての幸せとは何なのか、真剣に考えてみてほしいのです。

かつて僕のもとに寄せられた相談に、ダイエットするモチベーションを失った、というものがありました。その方は、結婚式を前に大幅な減量に成功しました。ウェディングドレスを美しく着こなしたいという強い動機があったからです。でも、ひとたび結婚式が終わると、どうにもやる気が出なくなってしまったというのです。たしかに、これから先、結婚式を超える動機は、なかなか出てきそうにないですよね。

僕はこの方に、**なんのためにダイエットをするのか、なぜ痩せたいのか、**いまいちど考えてみましょう、と言いました。

僕が思うに、**ダイエットって幸せになるための手段の一つ**です。より**心地よく生きるための手段の一つ。**

そして、**幸せになる手段はダイエットだけではありません。**

◆痩せることが本当に幸せなのか

ダイエットして痩せたから幸せになれるのではなく（それもあるかもしれないけど）、痩せるために必要な行動（生活習慣を正し、安定したこころを手に入れる）を続けた結果、幸せになれるのだと考えています。逆に言えば、**痩せることで幸せになれないならば、ダイエットはしないほうがいい**のです。

もしあなたが、「痩せるメリットを感じない」と思っているのならば、無理して他のひとの意見に左右される必要はありません。

「はじめに」でも記しましたが日本は特に「痩せ信仰」が強い国です。痩せていることが「美」として評価されがちです。テレビに出ているタレントさんも細いひとが多いし、少し太っていれば、いじられるといったお笑いの風潮があったりもする。

そんなこともあって、じゅうぶん細いのに、さらに痩せ願望をもっているひとがたくさんいます。僕のもとにも、そういう方が相談にいらっしゃいます。たとえ健康を害しても。**メディアによって美の認識が歪められている**ことを感じます。

もちろん、本当に痩せたいのであれば、痩せればいいと思います。ただし、健康的な体でいられる範疇《はんちゅう》で。でも、「痩せるメリットを感じられない（痩せなくても、じゅうぶん幸せ）」と考えているひとまでが、その競争に巻き込まれる必要はありませんよ。

価値観なんて、ひとそれぞれ。
あなたはあなたの価値観を大切にしてください。

自分の幸せをよく見つめてみたうえで、痩せたいと思うのなら、ゆっくりと楽しくダイエットしていきましょう。ＭＩＮＤ３で述べるようにダイエットはライフスタイルです。だから、ストレスになるようなやりかたではいけません。ストレスのある生活は幸せではありません。あくまでダイエットは、幸せになるための手段の一つなのですから。

ダイエットは幸せになるための、**数ある手段の一つ**に過ぎない。

このことを決して忘れないでくださいね。

気持ちよく

MIND 3

毎日を気持ちよく生きる。

11

「体重を落とす」ではなく「生活を整える」行動をしよう

〝結果的に〟そうなっていた。これがダイエットで大事なこと。体重を落とすための行動ではなく、生活習慣を整える行動をしていたら、〝結果的に〟体重が勝手に落ちていた。これが理想。

「ジュースを水に変えたら〝結果的に〟体重が落ちた」。「よく噛んで食べていたら〝結果的に〟腹八分目で食べ終えるようになった……」。無理やり体重を落とすためのスパルタな行動ではなく、無理しすぎない範囲で、生活を整えていく行動にフォーカスする。体重も食事の量も、狙って減らせるものではないから、自分でコントロールが可能な行動を着実に積み重ねていきましょう。現状よりも生活をきちんと整える行動を続けていたら、体重は勝手に落ちていきます。落ちる必要があればね。体重を落とすための行動だと視野が狭くなるので要注意。

12 部屋をそうじしよう

太りやすいひとは、部屋が散らかっていることが多い。あなたの部屋が散らかっているなら、これを機に片づけよう。身のまわりから、まずはすっきり気持ちよく。

これは覚えておいて損はないのですが、太りやすいひとは部屋が散らかっている傾向にあります。人間は汚い部屋にいると、無意識にストレスを感じたり誘惑に弱くなったりするのです。それで、つい、無駄なカロリーを摂取してしまうのです。一見関係ないことのように思えるけど、まずはできることから。部屋の乱れは食欲の乱れ。

13 よく眠ろう

睡眠は、心身の健康と美容にとって、いちばんの薬。

睡眠不足が健康に悪影響を与えるということはなんとなく認識している方が多数だと思いますが、実はダイエットとも直接的に深く関係しているのです。端的に言ってしまうと、睡眠不足の方は睡眠がしっかりとれている方よりも明らかに太りやすくなってしまいます。なぜなら、睡眠が不足すると、食欲増進ホルモンのグレリンが多く分泌されて食欲抑制ホルモンのレプチンが減少するため、結果的に摂取カロリーが高くなってしまうからです。また、自律神経の乱れにも繋がり、脂肪を蓄えやすくなってしまいます。実際に､何をやっても痩せなかった方が、睡眠をしっかりとるようにしてからするすると体重が落ちていった、というケースはたくさん見てきました。ひとそれぞれ必要な睡眠時間は異なりますが、睡眠に対して満足度が低いという自覚があるのであれば、優先度を高くして改善すべきです。

14

自律神経の整えかたを知ろう

現代人は自律神経が自然と乱れている。自律神経を整えるとは、生活習慣、運動、こころを見直すこと。ダイエットに効く。

よく聞く「自律神経」とは、器官（内臓）や血液、血流といった、意識して動かすことができないけれど、とてつもなく大切な体内のシステムを正常に働かせる役割を担っています。自律神経は、交感神経（アクティブ系）と、副交感神経（リラックス系）の二つに分けられ、双方のバランスが保たれることで、日中に活発に活動でき、夜はリラックスして眠ることができるのです。現代人は特に体を休めることが苦手で、自律神経が乱れた状態。整えるためには、①規則正しい生活で体内時計を整えること、②疲労を溜めない程度の軽い運動をすること、③ストレスの原因と向き合いマインドを整えること。以上の三つが効果的です。

15 姿勢と呼吸に意識を向けよう

1日3分でいい。呼吸に意識を向ける。呼吸を深くすると、こころが落ち着く。

ひとは無意識のうちに、集中したり緊張したりして呼吸が浅くなり、いつの間にか疲労が溜まってしまいます。呼吸を深くしてあげることで自律神経が整い、リラックスできます。ストレスは、ドカ食いしてしまう大きな要因。そして、超簡単にストレスを解消できる方法が「呼吸」なのです。4秒で吸って、8秒で吐く。この呼吸を意識してみてください。息を吸うときに血圧が上がると緊張状態になり、吐くときに血圧が下がるとリラックス状態に入ります。だから、吐く意識が大切。また、やる気が出ないときや、憂うつなときは、姿勢を正してみるのも効果的。禅の世界には「調身、調息、調心」ということばがあります。これは、体を整えることで呼吸が整い、呼吸を整えることでこころが整うことを意味しています。

16

誘惑に打ち勝とうとしてる時点で負け

ひとは弱く、自分に甘い。誘惑には勝とうと思わず、誘惑から遠ざかろう。逃げるが勝ち。

「ダイエット中、誘惑に勝つにはどうしたらいいですか？」という質問をよくいただきます。が、その考えかたをしている時点で勝負に負けています。なぜなら人間は誘惑に弱く、自分に甘い生き物で、基本的には誘惑には勝てないから。大事なのは誘惑に打ち勝つことではなく、誘惑と闘わないこと。誘惑から遠ざかりましょう。たとえば、ついコンビニでお菓子を買ってしまうのなら、コンビニに寄らない。帰宅後、すぐテレビを見てしまって筋トレができないなら、いっそテレビを置かない。あるいは、電源を切っておく。自分の意志が弱いことを認めて環境を変えちゃったほうが、圧倒的にラクです。逃げるが勝ち。

17

大きな決意より、小さな一歩

さあ、今日からダイエット！　気合いもやる気もじゅうぶん。でも、それが落とし穴になることもある。肩の力、抜いていこう。

ダイエットをはじめるからといって、なにも大きく生活を変化させる必要はなくて、「丼物→定食」「ご飯大盛り→普通盛り」「エスカレーター→階段」みたいに、むしろ小さく変えていくほうがいい。人間は極端な変化を嫌うようにできているのです。だから、脳が気づかないレベルの小さな変化をつくる。小さく小さく、徐々にコンフォートゾーン（快適な環境）から出ていき、慣れてきたらその範囲を広げていこう。

18

モチベーションに頼るのはギャンブルです

モチベーションに頼ったダイエットは高確率で失敗するよ。なぜならモチベーションというのは不確定要素が多すぎて、ギャンブルのようなものだから。大事なのはモチベがなくても継続できる仕組みづくり。

ダイエットをするうえで、モチベーションは「ある」に越したことはないです。でも、ダイエットを成功させるためには、モチベーションの優先順位は限りなく低い、と僕は思っています。なぜなら、モチベーションというのは感情の上に成り立つから。人間の感情はブレやすい。つまり、モチベーションに頼ったダイエットというのは、とても不安定で、難易度が高い。それよりは、モチベーションが上がらなくても続けていけるよう工夫をすること。その答えは〝習慣化〟なのですけどね。これは後ほど詳しく説明しますが、ひとまずモチベーションに頼ったダイエットはやめましょう。

19 ダイエットではなくライフスタイル

英語で「diet（ダイエット）」の意味は、「食生活、食習慣」。日本で「ダイエット」とは、「減量」というイメージが強いけど、本来の意味に立ち戻ってみよう。

「ダイエット中」ってことば、つい使っちゃうけど究極的に「ダイエットの成功」とは「ダイエット中」なんて思わなくなることです。「当たり前に暮らしていて、当たり前に快適な体型が実現できている」という状態。つまりダイエットしているなんて意識さえない状態に至ること。ダイエットしている状態がライフスタイルになっているってことです。すごく難しいし時間はかかるけど、この状態になれたら無敵です。

似て非なる「減量」と「ダイエット」

◆ダイエットに終わりはない

ダイエット指導をしていると、最初によく聞かれる質問があります。

「じゅんさん、ダイエットはいつまで続ければいいですか？」

結論から言いましょう。

ダイエットに終わりはありません。

この先ずっと、続けることが必要です。

「そんなの無理」「お先、真っ暗」と思われたかもしれません。便利だから僕もついつい使ってしまうのですが、「ダイエット中」とか、「ダイエットが終わったら」っていう表現が、ちょっとおかしいのです。

がんばって目標体重になっても、そこでダイエットを終了し、もとの生活に戻したら、あっという間に体型も戻ってしまう。「じゃあ延々とこの苦行をしなければならないの?」という疑問がわいてきますよね。いったん落ち着いて、よく聞いてくださいね。

一生継続する必要はある。
でも、一生がんばりなさいと言うつもりはない。

どういうことでしょうか。後ほどわかりやすく説明していくので、ここではまず、ダイエットに終わりはなく一生継続するものだということをなんとなく理解してください。

◆ダイエットとは生活習慣の改善

さて、まず最初にダイエットについて正しておきたい勘違いがあります。多くのひとが**「ダイエット」と「減量」を混同している**ということです。ボクサーなどスポーツ選手が、試合の前に極端に食事を制限したりして、体重を落とすことが減量です。ダイエットをはじめたからと、いつも飢えた状態で下手をすると水分を摂ることまでがまんしてしまう。これは減量で、ダイエットとは違います。ではダイエットとは何か？

ダイエットとは「生活習慣の改善」です。

ダイエットを成功させるために必要な要素って、いくつもありますよね。たとえば、

●健康的な食生活：暴飲暴食をしない、脂っこいものを食べすぎない、甘いものを食べすぎない、野菜をよく食べる、タンパク質をしっかり摂る、など

●適度な運動：歩く、意識的に動く、座りっぱなしでいない、ストレッチでほぐす、

筋トレで鍛える、など

● 規則正しい生活：7時間以上は寝る、身のまわりをきれいにする、陽の光を浴びる、など

これって、すべて生活習慣です。**生活習慣とはその名のとおり、「生活において習慣化された行動」**です。そして、ここで注目していただきたいのは、「行動」よりも「習慣」のほうです。

人間の行動の90％以上は無意識に行われます。そのうちの50％以上が習慣によって行われているのだそうです。数字は文献によって多少の誤差はありますが、問題はそこではありません。お伝えしたいのは、こういうことです。

日常の僕らの行動は、そのほとんどが無意識的に、そして勝手に行われている。

つまり、習慣化された行動ならば、がんばらなくてもできちゃうのです。わかりやすいように、僕の場合を説明してみましょう。

朝起きて、あなたがいちばん最初にすることってなんですか？　ひとによって異なると思うけれど、僕の場合はうがいをします。睡眠中って、唾液が少なくなって、口内細菌が発生しやすくなるから、うがいをするようにしているのです。これは僕にとっては当たり前の行動で、毎朝いちいち「うがいをしなきゃ」なんて、考えもしません。寝起きで頭がぼんやりしていても、勝手に洗面所まで歩いていってうがいをします。気づいたらもう、うがいをし終わっていた。そんな感じ。

うがいをするとき、「がんばっている」なんて微塵《みじん》も思いません。なにせ半分寝ているくらいですから。うがいをすることにストレスも感じません。僕にとっては、当たり前だからです。

他にも僕の日常には、そんな行動がいろいろあります。

毎日お風呂に入る、お風呂から上がるときにお風呂掃除をしてしまう、歯を磨く、ご飯を食べる前にいただきます、食べ終わったらごちそうさまと言う、野菜から食べる、筋トレをしたらプロテインを飲む、晴れの日はお気に入りの曲を聴きながら一駅分多く歩く、帰宅したら手を洗う、毎週金曜日は30分ほどかけて来週の「することリスト」をつくる……。

僕たちの生活は、自覚している以上に様々な習慣で成り立っているのです。そして、ひとたび習慣化された行動は、次のようなものはあまり必要ありません。

- 気合い
- がんばり
- 意志

ということは……。

習慣化してしまえば、がんばらなくても継続できる。

つまり、先ほど挙げた、ダイエットを成功させるための要素「健康的な食生活」「適度な運動」「規則正しい生活」も、習慣化してしまえば継続できるということです。

「健康的な食生活」「適度な運動」「規則正しい生活」それぞれを細かく因数分解して、比較的、無理なくできそうなところから習慣にしていけばいい。そこに**「がんばる」とか、「努力している」という意識を介在させない**ことがポイントです。ハードな筋トレだって習慣化してしまえば、歯磨きをすることと同じように自然とできるようになる。

がんばらなくても継続できるということは、がんばらなくても勝手に痩せるということ。

勝手に体型を維持できるし、勝手にダイエットが成功していきます。

これが、このコラムの冒頭で言った

一生継続する必要はある。

でも、一生がんばりなさいと言うつもりはない。

という意味です。

◆習慣化のコツ――スモールステップ×高頻度＋正しいマインド

とはいえ、あなたから「ちょっと待って」という声が聞こえてきたような気がします。ハードな筋トレや、たとえば週4のジム通い、適量だけ食べるなんてことが歯磨きのように当たり前の習慣になるのかな、と。

心配しないでください。

難しそうなことでも習慣にはできます。

ただ、ここであなたが知りたいのは、「ダイエットに必要な行動を習慣化するにはどうすればいいの？」という具体的な方法についてですよね。それでは、まず、習慣化のコツ5箇条を見ていきましょう。

① 習慣化には時間がかかると理解する

② ハードルを低く設定する（小さな目標）

③できるだけ高頻度で行う（脳と身体に染み込ませる）
④その行動にストレスを感じなくなったら負荷を上げる
⑤いちど身についた習慣は簡単に崩れないと理解する（たまにサボってもOK）

5箇条をひと言でまとめます。

習慣化のコツは「スモールステップ × 高頻度 ＋ 正しいマインド」です。

行動を習慣にするためには、スモールステップ（小さな行動）を高頻度でくり返すことで、徐々に脳と体に染みつかせていくという方法をとるのが王道です。

ジムで週4の筋トレを習慣化させたいなら、まずはとりあえず週4回ジムに足を踏み入れる。それをくり返していると、さすがに何かやりたくなってくるでしょう。そうしたら、余裕でできる回数、たとえば腹筋10回だけは必ずやる。

率直に言って、余裕でできる回数の腹筋には筋トレとしての意味はほぼありません。ただ、習慣化という点から見るとこれがとても大切なんです。10回に慣れたら次は20回、20回に慣れたら30回、30回に慣れたらスクワットを追加する……。というふうに、徐々にレベルアップしていくようにします。

また、習慣化のテクニックとして役立つのが**「20秒ルール」**です。ハーバード大学の講師が提唱した方法ですが、具体的には、

良い習慣を身につけたいとき → それをする**手間を20秒減らす**
悪い習慣を断ちたいとき → それをする**手間を20秒増やす**

という方法です。たとえば、

ジム通いを習慣化したい → ジムに行く用意を前日からまとめておき、すぐに行ける状態にしておく

ついお菓子を食べるのを辞めたい → お菓子をふだん行かない部屋の戸棚にしまい、鍵をかけておく

のようなものです。簡単にできますが意外に効果的なルールです。

言い換えるとこれは〝アクセス〟の良し悪しです。習慣化したい行動にいかに素早くアクセスできるか（手軽に行えるか）、辞めたい行動にいかにアクセスしにくくするか（行動までハードルを設けられるか）が鍵となります。

そしてここからは習慣化に際して大切なマインドについても触れておきましょう。

ダイエットをはじめたばかりのうちは、結果が出なくてもかまいません。**結果が出ないことですぐにあきらめないでほしい**のです。**習慣化までには、ある程度の時間がかかる**ものだと割り切ってください。

それよりもフォーカスすべきは、ダイエットをはじめる前と比べて改善できそうな行動を習慣として定着させること。結果は二の次で大丈夫です。こうして正しい方法で身につけた習慣は、簡単には崩れません。たまにサボってしまっても大丈夫なくらい強固な地盤となるのです。

こうしたマインドを理解していないために、ダイエットに挫折してしまうひとはたくさんいます。自分が実践することについては、**単なるメソッドだけではなく、こころ（マインド）からきちんと理解していなければなりません。**こうしたマインドが身につかないと、実践を結果に結びつけるまで継続することが難しいと言ってもいいでしょう。

正しい行動を継続し、習慣化する。何事もそうですが、まずは土台を固めることが先決です。ある程度習慣化したら大丈夫。結果はあとから勝手についてきます（というか習慣するまで継続できたら、ある程度変化を実感できるはずです）。

◆一生続けることが苦痛な場合

習慣化するとがんばらずに継続できると言いました。これは運動だけでなく、食事についても同じことです。健康的な食生活をこころがけるうちに、それがあなたにとって当たり前になっていきます。適度な量、たとえば腹八分で食べるのをやめるようにしていると、それが当たり前になっていくのです。満腹まで食べることがむしろ不快となります。

がまんしているとか、がんばっているという感覚ではなくなります。

当たり前に食べる。
食べたいから、食べる。
食べるのをもうやめたいから、やめる。

というふうに、自然なことになるのです。**「〜しなければならない」という義務ではなく、「そうしたい」という欲求に変わる**わけです。習慣化とはつまり、こういった自然な状態を指します。

同じ行動をするにしても、嫌々するのとそうしたくてするのとでは、まったく違いますよね。そうしたくてするのであれば、苦痛なく続けていけます。

ただ、習慣化にも一つだけ例外はあります。どんなに継続していても習慣化できないことがあるのです。それは体に極端な負荷がかかること。

たとえば、その典型が極端な食事制限でしょう。短期間で痩せようとして、1日の摂取カロリーを基礎代謝量（ひとが生命を維持するために必要な、最低限のエネルギー消費量）以下のカロリーに制限しようとする方がいます。

このように**そもそも無理があるダイエットは、短期間ならなんとかなっても、長期にわたってずっと継続していくことができません。習慣にはなり得ない**のです。無理やり継続したところで、こころを壊すか、体を壊すか、あるいは心身ともに壊してしまうか。一時的に痩せてもリバウンドしてしまう多くの原因はこれです。

だから、**いま行っているダイエットを一生続けることは耐えられない、とあなたが思うのなら、そもそも方法が間違っている**のかもしれません。

極端に食べる量を減らしていませんか？
いきなりハードな筋トレをしていませんか？
結果を求めるあまり、がんばりすぎていませんか？

本書では何度でも言っていきますが、ダイエットは短期間のイベントではありません。

ダイエットとは生活習慣の改善であり、ライフスタイルです。

ダイエットをあなたにとっての当たり前にしていくためにも、小さく小さく積み重ねていきましょう。

人間の脳は極端な変化を嫌がります。変化が脳にバレないよう、小さく小さく変えていきましょう。脳を騙《だま》せたら勝ちです。ちょっとしたゲームと思いましょう。

小さな積み重ねは、一見すると遠回りのように思えるかもしれません。でも、結局はいちばんの近道です。気づいたときには、体型が変わっていた。それが理想。がんばっているとか努力していると感じているのであれば、まだ習慣化できていない証拠なのです。

本コラムで僕がいちばん言いたかったのは、**ダイエットには終わりはないけど、努力をし続ける必要はないよ**ということでした。そして、正しい方法で無理なく継続していたら、誰でも確実に成果を手に入れられるのが、ダイエットの世界。

大丈夫。「なんでダイエットしているの?」「なんでそんなストイックな生活を続けられるの?」と聞かれたとき、

「べつにダイエットしてないよ？　ふつうに生活してるだけ」

そんなふうに答えられる日が来ますから。続けていきましょう。目に見えないほどの小さな一歩が、必ず大きな変化をもたらします。これが、本当の意味での「ダイエットの成功」であり、「ダイエットからの解放」でもあるのです。

MIND 4

食べることは
生きること。

生きること

ダイエットは食事が9割

痩せるメカニズム

ダイエットには運動と食事、どちらが効果的かと問われたら、間違いなく食事です（※もちろんあなた自身の現状にもよりますが、ひとまず、あなたの体重が適正体重よりも上という前提のもと進めていきます）。

運動は体を引き締めたり精神を安定させせたりといった効果がありますが、痩せることを目的とする場合は、あくまで食生活の改善がメインになります。

痩せる。つまり、体脂肪を落とす。

このためには、基本的に、次の法則を守る必要があります。

総消費カロリー＞総摂取カロリー

総消費カロリーとは、基礎代謝量、活動代謝量、食事誘発性熱産生を足したものです。

基礎代謝とは、何もせず寝ていても生命を維持するために勝手に消費されるエネルギー消費のこと。呼吸、心臓や内臓の働き、体温維持などが基礎代謝によって支えられています。年齢や性別、体格などによって基礎代謝量はひとそれぞれ異なります。

活動代謝とは、日常生活を送るときの身体活動によって消費されるエネルギーのことを言います。仕事したり、運動したり、家事育児をしたりといった活動ですね。

食事誘発性熱産生は、あまりなじみがないことばかもしれません。食べることで体内に吸収された栄養素が分解され、一時的に代謝がよくなって消費されるエネルギーです。

総摂取カロリーとは、食べることで得られるエネルギーです。糖質、たんぱく質、脂質といった栄養素が体内で消化吸収されることで得られます。

つまり、「総消費カロリー＞総摂取カロリー」（アンダーカロリー）というのは、**補給されるエネルギー（摂取カロリー）より消費するエネルギー（消費カロリー）のほうが大きくなれば痩せていく**ことを意味しています。

◆アンダーカロリーへのアプローチは二つ

総消費カロリー ＞ 総摂取カロリーにするために**必要なアプローチ方法は二つ**です。

① 消費カロリーを増やす
② 摂取カロリーを減らす

運動によって痩せようとするのは、①のアプローチ方法です。

体を動かし、消費エネルギーを増やして、体脂肪を燃やそうというわけです。運動によって筋肉量が増えれば、基礎代謝量も増えます。ですから、確かにこのアプローチは間違いではありません。

が、しかし、やはり効率が悪くなってしまうのです。

なぜなら、**運動で消費されるカロリーって微々たるもの**だから。

たとえば有酸素運動。

ダイエットのために毎日3キロ(約30分)のランニングを行うとします。消費されるカロリーは、たったの200~250キロカロリーほど。30分も走るのって、けっこうきついですよね。走るのが好きならいいけど、がんばったわりには消費が少なくこころが折れそうです。ちなみに僕は、走るの嫌い。いまでも有酸素運動はほぼやりません。

1キロの脂肪を燃焼するためには、約7200キロカロリーのエネルギーが必要です。30分のランニング1回で250キロカロリー消費したとしても、7200キロカロリー消費しようとすると、28・8回走らなければなりません。これは864分、つまり14・4時間も走るという計算です。想像しただけでもつらい……(実際には脂肪以外からもエネルギーが使用されるのでもっと効率が悪くなります)。

では、無酸素運動の代表、筋トレはどうでしょう? 状況は筋トレも同じです。というより、筋トレの消費エネルギーは、有酸素運動よりも少ないです。無酸素運動はハードなので、長時間持続することもできません(※ただ、筋トレをすることで体をシェイプアップさせることができるため、最終的に筋トレを取り入れることは推奨しております。が、痩せる(脂肪を落とす)

ために筋トレをがんばるのはやはり非効率という話)。

ダイエットは食事が9割と言った理由はここにあります。

有酸素運動で200〜300キロカロリーを消費するのは、時間も体力も必要です。さらにいうと、運動後は食欲が増幅されるため（そしてがんばったという精神的な達成感から）その分、よけいに食べてしまうケースも少なくありません。

でも、**食事で同じカロリーを減らすのは、わりと簡単**だったりします。先ほど紹介した二つのアプローチのうち、②の摂取カロリーを減らすアプローチです。いま現在、特に気をつけた食生活をしていないのなら、特に！　そして、

食事はダイエットの基本です。食生活の改善からはじめましょう。

いくらハードに運動をがんばっていても、食生活が乱れていては本当の意味でのダイエットにはなりません。まずは、このことを頭に入れておいてください。

◆妄信的な「カロリー信者」になっていませんか？

さて、ダイエットは食事が９割だとご理解いただけました。では、具体的に食事をどうすればいいの？

「とにかくカロリー制限！」
「痩せたいならカロリーを抑えよう」
「消費カロリーが摂取カロリーを上回ればいいんだよ」

はい。これらは、確かに正しいのですが、注意が必要です。えっ、トレーナーにカロリー制限の指導を受けたけど……と思われたひともいらっしゃるでしょう。現代の**ダイエット業界は、「カロリー至上主義」**で成り立っているのです。

まず、驚かれる方が多いのですが、普段僕らが接しているカロリー表示は思っているほど正確ではありません。**食品に表示するカロリーは、プラス・マイナス20パーセントまで**

の誤差が法律によって認められているからです。

たとえば、2000キロカロリー摂取したつもりでも、実際には1600〜2400キロカロリーまでの幅があるわけです。また、カロリー表示があるパッケージされた食品ならまだしも、外食の場合だとさらにカロリーを把握することが難しくなります。

そして、これは摂取カロリーにかぎった話ではありません。消費カロリーだって、正確に算出することはできないのです。

消費カロリーは基礎代謝量、活動代謝量、食事誘発性熱産生から算出しますが、これらがきわめて曖昧にならざるを得ないのは想像できますよね。人間の体は機械とちがって、曖昧かつ絶妙なバランスを保ちながら成り立っていますから。

ただでさえ不正確なカロリーですが、さらにはこれが何かを勘違いしている方が非常に多いのです。むしろ、カロリーについて正しく理解しているほうが稀《まれ》なほど。トレーナーでさえね。

カロリーについて正しく理解していないと、こんなことが起きます。

- カロリーを減らしているのに痩せない
- カロリー計算がストレス
- 何を食べていいかわからない
- 少し食べたらすぐ体重が増えて怖い

これでは **〝ダイエット難民〟** になってしまいます。いつまで経っても痩せられないし、体重を落とせたとしても、苦しみからは解放されません。

ダイエットを成功させ、ストレスフリーで痩せていくためにも、カロリーに対する理解を深めることは必須条件です。

では、僕らがいつも気にしているカロリーとはいったい何なのでしょうか。

食べ物のカロリーとは「**実験用の容器のなかでその食品を燃やしたとき、その食品から発生する熱で、水分の温度がどれくらい上昇するか**」を割り出した数値です。

僕らの体のなかでは食べ物が本当に燃えているわけではありません。食べ物が摂取されると、体内のいろんな酵素が、食べ物に含まれるそれぞれの栄養素に働きかけます。そうして化学反応を起こしながら、代謝・消化・吸収が行われていくわけです。

さらに言うと、酵素の働きはホルモンによって促されるのですが、ホルモンは体調によって大きく左右されます。


ちょっとややこしい話ですよね……。とりあえずここでは、

カロリーとは、摂取したらその分太るエネルギーではない

ということをなんとなく理解していただければ、それでＯＫです。

◆食事制限よりも食生活改善

カロリーについてもご理解いただけました。

が、そうすると、食事が９割なのにカロリーを妄信するなって言われたらどうすればいいわけ？　具体的に食生活の改善って何をすればいいの？　と気になりますよね。いま、

あなたがどのような食生活を送っているかによって変わってきますが、まずは次の項目を守ってみてはいかがでしょう。

● 野菜を積極的に食べる
● 毎食タンパク質をこぶし分食べることを意識する
● なるべく加工食品を減らす
● 糖質、脂質を極端に怖がらない
● 脂質を摂りすぎない

えっ、たったこれだけ？
はい、これだけです。

で、さらに食事中の習慣として、次のことを意識してみましょう。

● 「ながら食べ」をしない
● 調味料をかけすぎない

●「美味しい」と声に出す
●食前食後に手を合わせる
●しっかり味わいながら食べる
●食べたいと思ったものしか食べない

要するに、できるだけ**「クリーンな食生活を目指して、食事に集中しましょうね」**ということです。

僕はこうした意識を、「マイナスをゼロに近づける」「食と向き合う」と呼んでいます。

ここで大切なのは、**「あくまで整えるだけ」**というスタンスです。

無理して食事量を減らしたり、カロリーカットをする必要はありません。食生活が乱れているのに、そんなことにまで手を出すのは早い。**多くの方がダイエットをはじめるときに「炭水化物（糖質）を一切やめよう」「週3回5キロ走ろう」「筋トレをがんばろう」と、何か新しいことをはじめようとします。でも、その前にやるべきことがあるのです。**


それが、食生活を整えること。

改善すること。

整えることに注力して生活すると、何が起きるのでしょうか？　まず、摂取カロリーが〝勝手に〟減っていきます。クリーンな食事（非加工食品、タンパク質中心）は、ジャンクな食事に比べると、**量が多いのに低カロリー**だからです。

さらには、食欲が適正化されていきます。乱れた食生活では摂取カロリーのわりに、必要な栄養が不足している状態でした。恐ろしい〝カロリー過多の栄養不足〟です。そのため、たくさん食べても満たされない。「もっと食べたい」という状態でした。しかし、食生活を改善し、体に必要な栄養を満たしてあげると、体がそれ以上に食べ物を求めなくなっていくのです。

カロリーを制限、糖質を制限、脂質を制限と、制限づくしでがんじがらめになるのではなく、食生活を整える。改善することを意識していきましょう。

たとえば、次の三つの食事例を見てみましょう。

Aさんのランチ（ファストフード店で）

● ハンバーガー
● ポテトフライ（Mサイズ）
● コーラ（Mサイズ）

★合計カロリー＝806キロカロリー

Bさんのランチ（コンビニで）

● メロンパン
● オレンジジュース（200mℓ）

★合計カロリー＝510キロカロリー

Cさんのランチ

● 焼き鮭（60グラム）
● 肉じゃが（牛もも肉30グラム／玉ねぎ30グラム／人参25グラム／みりん10グラム／砂糖3グラム／しょう油5グラム／だし汁150cc）
● みそ汁（なめこ20グラム／豆腐70グラム／みそ8グラム／だし汁150cc）

●ご飯（100グラム）

★合計カロリー＝546キロカロリー

Aさんのランチは空腹は解消できそうですが、800キロカロリーを超えています。Bさんのランチは菓子パンたった1個で、すぐにお腹がすきそうです。Cさんのランチはバランスよくしっかり食べても550キロカロリーもありません。

◆ほんとに悪者？　糖質と脂質について

制限づくしにならずに、改善する。それがおわかりいただけたならひとまずじゅうぶんなのですが、ダイエットとセットで必ず話題になる糖質と脂質について説明します。この二つは、まるで悪の権化であるかのように嫌われていますよね。でも、冷静に考えていただきたいのです。

体に必要な三大栄養素をご存じでしょうか？

● 糖質
● 脂質
● タンパク質

この三つ。それぞれにしっかりと役割があります。だからそもそも、糖質も脂質も、悪者であるわけがないんですよね。だって、生命活動には欠かせないのだから。

三つのうち、**体を動かすエネルギー源となるのは、主に、糖質か脂質**です（厳密にはタンパク質もエネルギー源となり得ますが、ここでは割愛します）。ですから、糖質も脂質も同時に制限すると、体内のエネルギーが足りない状態に陥ります。するとどうなるか？　足りないエネルギーをつくり出すため、**筋肉の分解がはじまります。筋肉の分解によってエネルギーを捻出していく**のです。

筋肉が減ると、代謝が落ちます。代謝が落ちると、痩せにくくなります。

◆「たんぱく質＋脂質」か「たんぱく質＋糖質」か

先ほど、「制限」の前に「改善」からと言いました。ここからは、あくまで改善がうまくいき、さらにもう少し試してみたいというひと向けです。

世の中には食事にかかわる様々なダイエットがありますが、それらは大きく次の二つに分類できます。

① 糖質を抑え、たんぱく質と脂質を摂取する方法（＝糖質制限・ケトジェニック）
② 脂質を抑え、たんぱく質と糖質を摂取する方法（＝脂質制限・マクロ管理法）↓106ページ参照

もっと言えば、このどちらにも当てはまらない方法は間違っています。三大栄養素のうちの二つ（糖質と脂質）を同時に制限すると、確かに短期的には体重が落ちていきます（しかしその減少幅は次第に小さくなり、すぐ停滞期に陥ります）。

ただこれは、長い目で見ると**「痩せにくく太りやすい体」**をつくっている、ということを自覚してください。

糖質と脂質、どちらを抑えるかはひとによって実践しやすいほうでいいと思います。**糖質制限にせよ、脂質制限にせよ、「制限」ということばによって惑わされるのですが、ただ糖質や脂質を制限すればいいわけではありません。**大事なことは、**糖質や脂質を制限する代わりに、必要な栄養素（脂質とたんぱく質、あるいは糖質とたんぱく質）をしっかり摂取すること**なのです。これをしっかり理解している方は少ないので、間違えないようにしましょう。

ちなみに、僕個人は糖質制限はあまりおすすめしていません。なぜなら、糖質を摂らないと身体の調子が良くないから。

僕が考える良いダイエット方法は、「一生、継続できる」ものです。そういう意味で、糖質制限をできる自信がありません（というかする必要がないと考えています）。

それならば、ある程度いろんな物を食べてもいいマクロ管理法（ＰＦＣバランス）のほうが、僕には合っているのです（それにボディメイクで筋肉を増やすには糖質が必要です）。

マクロ管理法は摂取量を抑えますが、脂質も食べることが推奨されます。

とはいえ、これは人それぞれ。糖質制限を最初にやって、マクロ管理法に切り替えるのも、それはそれでありです。

◆カロリー計算についての考えかた

最後に、食生活の改善にともなう自己管理のコツをお伝えしていきます。ダイエットで自己管理をするためによく活用されるのが、体重や体組成の記録、そしてカロリー計算です。カロリー計算とは、食事や間食ごとの摂取カロリーを記録し、1日の総摂取量を観察することです。マクロ管理法を実践している方なら、カロリー計算に加えて食事の栄養素の内訳も計算しているでしょう。

結論から言うと、僕個人は、無理して**カロリー計算はしなくていい**と思っています（※

後述しますが感覚をつかむために最初の段階で取り入れることは推奨しています）。

それはなぜか、次の二つの理由で解説していきますね。

① 人間は本来、太らないようにできている

② 計算に固執してしまうと本来の機能を取り戻せない

まず、理由①について。

これ、案外知られていないのですが、**人間にはお腹いっぱい食べても健康的な体型を維持する機能が備わっている**のです。

大昔、狩猟採集していたころ、肥満のひとはいなかったと言われています。当時の主食は太ると言われている炭水化物（糖質）でした。

ではなぜ、現代には太っている（痩せたくても痩せられない）ひとがいるのでしょう？　も

ちろん運動量の違いなども関係していますが、それ以外にも、ストレス社会、ファストフード店やコンビニの普及によって、いつでも簡単に食べ物が手に入る状況、食べたくないのに食べざるを得ない状況の出現、など様々な理由が複雑に絡み合っています。**〝本当の空腹〟そして逆に〝本当の満腹〟を見極めることが極めて困難**なのです。「お腹が空いたら、食べる」というシンプルなことができなくなっているわけです。

そして、理由②について。

人間の体って、すごくややこしい。単純なようで複雑で、複雑なようで単純なんです。理解しにくいかもしれませんが、ことダイエットにおいては特にややこしい。ほんとうは簡単に説明できるようなものではないのに、どうしてもみんな、「カロリー計算」や「マクロ管理」ではじき出される「数値」にとらわれてしまいがちです。「数値」はひと目でわかりやすい指標だから安心するんですよね。

でも、そもそも人間は機械ではないので日ごとに食欲も違えば、必要な栄養素も異なります。それなのに**決められた摂取カロリーや栄養素の分量に従って、機械のように摂取し**

ようとする。これは、本来、自然の摂理に反します。自然の摂理に反しているので、人間が本来持ち合わせている機能を取り戻すことができなくなってしまうのです。

以上二つの理由から、僕はこう考えているわけです。

人間は本来、体型を維持する機能があり、その機能を取り戻すためには、「数値」に固執しないほうがいいので、カロリー計算をしなくていい。

ただ、話はここで終わりません。

◆まずはカロリー計算をする

「カロリー計算はしなくていい」と、僕が言うとき、それはダイエットの本質に到達した、究極的な状態を意味しています。僕が理想とする本当の意味でのダイエット――ダイエットの成功とは、次のような状態に至ることを意味します。

空腹になったら満足するまで食べたいものを食べる
カロリー計算をしないでも体型を維持できる
数字やストレスなどあらゆる抑圧から解放されている

もちろん、そう簡単にこの状態になれるわけではありません。で、ここから、とても大事なことを言います。

まずはカロリー計算をしてください。

「さっき計算はするなって言ったじゃないか‼　ふざけるな‼」と思われたでしょうか。ごめんなさい。そして、ふざけているわけではないのです。

確かに矛盾していますよね。でも、ここで僕が言いたいのは、「カロリー計算をしなくても体型を維持でき、数字やストレスから解放されている、究極の状態」に至るために、ステップとして〝あえて計算をする〟ことが大事ということなのです。

痩せるためにカロリー計算をするのではないのです。**どのくらい食べすぎているのかを知り、何をどのくらい食べたら痩せていくかを知る**ためにカロリー計算をするのです。

「数値」に依存するのではなく「自分の自然」を取り戻す。

将来、管理しないで済むための、いまの一過的な自己管理。

これが、「まずはカロリー計算をする」理由です。

ダイエットは、**自分の内なる欲求やストレスに耳を傾けながら、外の世界の正しい情報と照らし合わせていく作業が必要**になります。

情報過多の現代社会。やっぱりどうしても、自分の内側の声よりも、外の世界の声にばかり振り回されてしまいますよね。だからぜひ、自分の声を聞くことができるように意識してみましょう。

自分の自然を取り戻せると、こんなあなたになれるのではないでしょうか。

- 体重や数値に縛られていない
- 食生活にストレスがない
- 健康な体型を維持できる
- 食事が「楽しい」と思える
- 意識的にカロリー計算しない
- ありのままの自分を受け入れられる
- 好きなものを満足するまで食べる

ダイエットや食事に対して、悩みや不安、ストレスがなくなった自分を想像してみてください。 とても幸せじゃないですか?

これこそが、僕が本書を通じて伝えていきたい「幸せに痩せる」ということです。ゆっくりで大丈夫。一緒にこの状態を手に入れていきましょう。

じゅん
おすすめ!

食事改善メソッド「マクロ管理法」

マクロ管理法とは

個人の消費カロリーに合わせて、三大栄養素（マクロ栄養素：たんぱく質・脂質・炭水化物〔糖質〕）を適切な量ずつ摂取していく食事管理法。極端な糖質制限や脂質制限と違って、糖質や脂質もバランスよく食べることを目指します。このメソッドに従えば、自然と健康的な食生活が送れるようになるし、なにより食べたいものをがまんしなくて済みます。これなら続けていきやすいですよね。僕がお勧めしている理由です。

マクロ管理法を実践するには、次のSTEPに従って、まずはご自身に必要なマクロ栄養素の量を把握することが必要です。

STEP1　1日の総消費カロリーを把握する

STEP2　1日に必要な総摂取カロリーを把握する

LET'S TRY !!

STEP3　1日に必要なマクロ栄養素の摂取量を把握する
STEP4　マクロ管理法で食べる

それでは、さっそく算出してみましょう！

STEP 1　1日の総消費カロリーを把握する

1日の生活で人が消費するカロリー（総消費カロリー）は、ざっくり以下の二つの要素によって決まります。

①　基礎代謝：生命維持のために消費するカロリー。体格に依存する。
②　身体活動量：動くことで消費するカロリー。ライフスタイルに依存する。

※正確には上記二つに、食事摂取の際に消費するエネルギー「食事誘発性熱産生」が加わる。「食事誘発性熱産生」は、総消費カロリーの10％程度。

したがって、①と②をそれぞれ把握することで、1日の総消費カロリーを知ることができます。①と②を割り出してみましょう。

記入して
計算しよう!

1 基礎代謝(=①)を算出する

男性

①基礎代謝 ＿＿kcal ＝10×［体重 ＿＿kg］＋6.24×［身長 ＿＿cm］−5×［年齢 ＿＿歳］＋5

女性

①基礎代謝 ＿＿kcal ＝10×［体重 ＿＿kg］＋6.24×［身長 ＿＿cm］−5×［年齢 ＿＿歳］−161

2 身体活動量(=②)を把握する

身体活動量	目安	②の数値
少ない	デスクワーク中心で、あまり動かない	1.2
ふつう	デスクワーク中心だが、よく動くようにしている(通勤や買い物など)	1.5
多い	移動や立ち仕事が多い／スポーツなど活発な運動習慣がある	1.75

3 総消費カロリーを算出する

［総消費カロリー ＿＿kcal］＝［①基礎代謝 ＿＿kcal］×［②の数値 ＿＿］

STEP 2

１日に必要な総摂取カロリーを把握する

痩せるためには、長期的に見たときに、「総消費カロリー＞総摂取カロリー」が実現できている必要があります。いわゆるアンダーカロリーの状態です。しかし、極端なカロリー制限をすると基礎代謝が落ちて痩せにくい体になってしまうので気をつけましょう。１日の総摂取カロリーの目安は総消費カロリーの８割程。

■ 総摂取カロリーを算出する

総摂取カロリー		総消費カロリー	
kcal	＝	kcal	×0.8

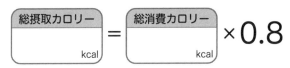

STEP 3

1日に必要なマクロ栄養素の摂取量を把握する

ご自身の総消費カロリーと、健康的に痩せていくための総摂取カロリーがわかりましたね。最後に、1日に必要なマクロ栄養素（タンパク質、脂質、炭水化物［糖質］）の摂取量を算出していきます。

■1日のたんぱく質摂取量

体重（kg）× 1.0〜1.5 = たんぱく質（g）

グラム（g）からカロリー（kcal）へ変換

たんぱく質（g）× 4 = たんぱく質（kcal）

■1日の脂質摂取量

総摂取カロリー（kcal）×0.2〜0.25= 脂質（kcal）

カロリー（kcal）からグラム（g）へ変換

脂質（kcal）÷ 9 = 脂質（g）

■1日の炭水化物［糖質］摂取量

総摂取カロリー（kcal）−（たんぱく質（kcal）+ 脂質（kcal））= 炭水化物（kcal）

カロリー（kcal）からグラム（g）へ変換

炭水化物（kcal）÷ 4 = 炭水化物（g）

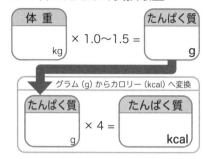

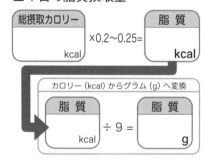

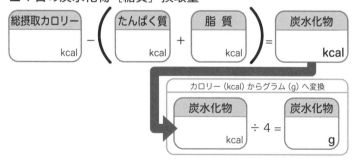

STEP 4 マクロ管理法で食べる

計算、お疲れさまでした。あとは実践あるのみ。1日の総摂取カロリー、マクロ栄養素の摂取量を意識しながら毎日の食事をしていきましょう。マクロ管理法では毎食ごとに、カロリーとマクロ栄養素の摂取量を記録しておく必要があります。その際、スマホのアプリを活用することをお勧めします。

というのも、加工食品やコンビニのお弁当なら、包装にカロリーやマクロ栄養素の表示があるので、わかりやすいですよね。でも、生鮮食品にはそういう表示がないから、このトマト1個は何キロカロリーで、マクロ栄養素はどれくらい含まれているのかがわからない、なんてことが起きてきます。しかし、食事管理アプリならば、食材を検索するとカロリーや栄養素の配分が一発でわかるし、記録もしてくれます。スマホでバーコードを読ませることで、その商品の情報が自動的に反映される便利なアプリもあります。もちろん、アナログ派のひとには、食品成分をまとめた本もたくさん出ています。でも、継続的に記録していくことを考えると、外食のときでもささっと入力できてしまうアプリは、とても心強い味方ですよ。

20

食べることに罪悪感を持つのをやめよう

「食べること＝悪いこと」という思い込みを捨てよう。「食べること＝生きること」

食事指導をしていると、食べなすぎるひとがとても多いです。食べることに過剰に罪悪感を持ってしまっている。もちろん、無尽蔵に食べまくるのはよくないけれど、食べることは生きるために必要なことなんです。命を維持するためのエネルギー、栄養素を、僕たちは食事をとおして摂取しているのだから。正しく食べることが痩せることにつながるし、食べることは生きること。お腹がすくのは、生きている証拠。元気に生きている体を、褒めてあげてくださいね。

21 メソッドのつまみ食いはやめよう

ダイエット情報やメソッドは、「混ぜるな危険」と覚えておいて。情報があふれている便利な時代の落とし穴。

「1日の糖質量を○グラム以下に抑えよう」と糖質制限を推奨するAトレーナーと、「1日の脂質量を○グラム以下に抑えよう」と脂質制限を推奨するBトレーナーの情報を見たとします。このとき、「なるほど！ 糖質と脂質を抑えればいいんだ！」と、二つのメソッドを勝手に混ぜて、解釈したりしていませんか？ こういうダイエットは失敗に終わりがちです。メソッドの一部分だけを都合よく切り抜いて実践するのではなく「なぜ、そうするのか？」と、メソッドの全体像を知ることが大切です。学んだうえで実践する。ダイエットは、複数人の意見よりも、信頼できる一人の意見を実践したほうが上手くいきやすかったりするのです。

22

食生活は無意識の習慣だから、まずは把握しよう

「こんなにカロリーを摂取してたの!?」とは、ダイエット指導で、よく言われることば。でも、食生活を自覚した後は、「え、そんなに食べていいんですか??」と言われる。

個人の食生活は長年にわたって培われたものです。つまり習慣。習慣なのでほとんど無意識なんですよね。何も考えず、そして無意識に、ほんとうは空腹でもないのに食べているということがよくあります。だからまずは、自分の食生活をちゃんと把握することが大事です。把握すると、たいていのひとは「糖質脂質過多のたんぱく質不足」だとわかります。だから糖質、脂質、たんぱく質を食べる割合を変えるだけで、カロリーは減ったのに食事量が増える、ということが起きるんです。正しく、たくさん食べよう！

23

糖質は悪者という先入観を捨てよう

「低糖質」「糖質オフ」と表示がなければ不安。そんなあなたは、糖質を悪いものだと思い込みすぎているのかも。

近年はコンビニなんかでも、とても気軽に「低糖質」「糖質オフ」の商品が買えるようになりました。日常生活に取り入れるのはいいことですよね。現代人が摂取過剰になりがちな炭水化物には多くの糖質が含まれていますから。ただ、「低糖質」「糖質オフ」ということばが、「ダイエットに良いもの」として、あまりにも先行しているという面はあります。と言うのも、糖質はべつに悪者じゃないです。むしろ、糖質も適度に摂取したほうが痩せやすいのです。僕はダイエットにオートミールを活用することをおすすめしています。『痩せるズボラ飯』（KADOKAWA）というレシピ本も出しています。お米の代わりとして美味しく食べられるし、栄養バランスがいいから。でも、「痩せる」のに役立つオートミールだって、糖質はガッツリ含んでいるんですよ。「糖質＝悪」なのではなくて、「糖質の過剰摂取＝悪」ということです。

24

脂質は悪者という先入観を捨てよう

脂質と聞くと、「揚げものでしょ?」「スナック菓子でしょ?」「ケーキでしょ?」と思ってしまうなら、脂質の役割を知りましょう。

糖質同様、マイナスイメージを持たれがちな脂質ですが、体にとっては重要なエネルギー源です。細胞膜や核膜を構成し、ホルモンの働きを助け、臓器を保護する役割を担っています。体温を保ち、肌に潤いを与えてくれる美容の味方でもあります。健康的な肌や髪にとって、欠かせない栄養素なのです。摂りすぎは健康によくありませんが、そんなに悪者扱いせずに、適切な付き合いをしていきましょう。

25

「食事制限」ではなく「食生活改善」をしよう

現代人の多くは「カロリー過多の栄養不足」だから、食べる量はあまり減らさなくても、食べる栄養素の内訳を変えれば勝手に痩せていく。減らすよりも、変える意識。

「○キロカロリー以上食べるのは禁止！」「炭水化物は禁止！」というふうに、厳しく禁止事項を設けることが「食事制限」。「食事改善」は、たとえばだけど、朝食を「菓子パン→食パン→全粒粉パン（ライ麦パン、ベーグル）→白米→玄米（雑穀米）・オートミール」と、徐々により良いほうへと変えていくこと。人間は極端な変化を嫌う。それに禁止されると強烈にそれをしたくなる（132ページに書いたとおり）。一気に「制限」するよりも、「（完全に糖質を禁止しないけど）ジュースをやめる」「ご飯を大盛りから普通盛りにする」といった小さい変化を設けるほうが長続きするし、そのうちに、いい食習慣も身につきます。

26

「カロリー信仰」にとらわれすぎるのはやめよう

「1日の摂取カロリーより食べたから太っちゃう」「ケーキ食べたから今日は食事しない」「ダイエットしてるから友達と会っても食べない」……。こういう考えかたは危ない。視野を広く、視点を高く。

基本的には「1日の消費カロリー（生活で使うエネルギー量　※基礎代謝量＋活動代謝量＋食事誘発性熱産生）」が「1日の摂取カロリー（食べて得るエネルギー量）」を上回る生活が続いていけば、痩せます。だからみんな、カロリー計算をしたりして、その摂取にとても気を遣うわけですよね。でも、カロリーに過剰にとらわれすぎると精神的に疲れてしまいます。めっちゃ食べたくなる日もあれば、食欲がない日もある。旅先でおいしいものをたらふく食べたいときがあるし、冷蔵庫にある残りものでちゃちゃっと食事する日もある。そのほうが人間として当たり前だと思ってください。1日という短期間ではなく、視点を高くして、もっと長い期間で摂取カロリーの総量を考えていけばいいんです。

27 食べていないのに痩せないなら見直そう

考えられる理由は主に四つ。①実は食べている。②食べなさすぎ。③睡眠不足。④痩せる必要がない。

食事は量を食べていないつもりでも、ちょこちょことお菓子をつまんでいるということはよくあります。あるいは、極度の食事制限で体が飢餓状態に陥っている場合もあります。飢餓状態に陥ると、危険を感じた体がエネルギーを消費しないように自衛をはじめます。つまり痩せにくくなります。さらには、睡眠不足で自律神経が乱れても痩せにくくなります。食欲も乱れるため結果的に食べすぎてしまうのです。そして最後がそもそも痩せる必要がないパターン。すでに適正体重以下の場合、アンダーカロリーにしても痩せにくいです。無理して食事制限しても心身を壊す恐れがあるため要注意。

28 サプリの効果は両面から検討しよう

良い面と、悪い面。あらゆるものは両面性がある。「痩せるサプリ」「ダイエットに効く○○」。飛びつく前に、自分の状況や、使用目的をちゃんと考えて。

健康食品やサプリが効くかどうかという質問をよく受けます。YES／NOで答えるのは、なかなか難しいです。ひとによって、状況も、どういう着地点を目指したいかも、それぞれだから。ただ、サプリや健康食品を〝摂取するだけ〟で、すぐに望んだ結果が得られるかと言われるとなかなかうまくはいかないと思います。目先の何かに全面的に頼るよりも、もっと土台の部分（ダイエットの本質を理解して、マインドを健全に保つこと）を見直すほうが、よほど信頼できると僕は考えます。速効性はないかもしれないけれど、うまく作用しないサプリをあれこれ試して結局時間をムダにするよりは、実は早く結果が出るかもしれないから。

8割、主義。

MIND 5

完璧主義より
8割主義。

29

白でも黒でもなく、グレーでいこう

〝大人になるとは、あいまいさを許容できること〟これはダイエットにも当てはまる。白でも黒でもない。100点でなくていい。60〜80点でじゅうぶん。

ダイエットにおいて100点を取る必要はありません。というか100点は取れない。みんな100点を取ろうとして、でも取れなくて落ち込んでしまいます。「平均して」60〜80点取れていれば、それでいいのに。ときには40点でも、どこかで80点を取っていればOKなのです。長い目で見ればプラスになります。さらに言うと、その60〜80点というのもあなたにとっての基準値で、周りと比較する必要はない。体質、環境、ライフスタイル、すべてはひとそれぞれだから、自分の尺度で考えていきましょう。ひとと比べて落ち込むなんて、めちゃくちゃもったいないです。「過去の自分」から1ミリでも前進していたら、100億点満点！

30 完璧主義をやめるコツを知ろう

自分に厳しい完璧主義。けっして悪いことではない。でも、ダイエットは少しゆるいくらいで、ちょうどいい。

完璧主義はダイエットにおいてマイナスに作用することが多いです。できなかったことで自己肯定感が下がってしまうし、自己肯定感が下がるとやけになったりして、極端な行動に出てしまいがち。たとえば、やけ食いに走ったり。とはいえ、完璧主義は性格だからなかなかそれを変えるのも難しい。まずは「いま、自分に厳しくなっている」という思考のクセに気づくことが大切です。気づけたら、あとはいい方法がありますす。減点方式ではなく、加点方式で自分を見つめること。「できなかったこと」に目を向けるのではなく、「できたこと」に目を向けてみましょう。

31 禁止事項で追い詰めるのをやめよう

朝からパンケーキはダメ。ではなく、パンケーキの代わりに、プロテインパンケーキにする。代替案を出してあげると気がラクになる。

ダイエット中って「○○は食べちゃダメ」と、禁止事項をつくりがち。でも、実はこれ逆効果です。なぜなら、人間の脳は否定語・禁止語を理解するのが苦手だから。禁止すればするほど食べたくなってしまう。そこで、「○○は食べちゃダメ」よりも、「○○の代わりに△△を食べよう」というふうに、禁止ではなく別の選択肢を用意してあげるとよいですよ。

32

失敗は想定しておこう

うまくいかないことがある。でも、対処法を用意しておく。やけを起こさないために。

ダイエットをするときは、最初から「失敗」を頭に組み込んでおきましょう。どんなに意志が強いひとでも、誘惑に負けて食べてしまうことは必ずあります。避けられない飲み会だってある。体重が増加することもある。だから、「うまくいかないことがある」と想定し、対処法を決めておくことが大切。完璧に食事や運動をこなす前提でいるから、ちょっとうまくいかないと「もういいや」って全部がどうでもよくなってしまうのです。うまくいかなくて当たり前。たまに体重増えて当たり前。誘惑に負けて当たり前。ジムをサボって当たり前。なかなか結果がでなくて当たり前。それでも辞めずに続けること。何度もダイエットに失敗してきたひとがすべきことは、新しいダイエット方法を探すことやモチベーションを上げることではなく、ダイエットを再定義することです。ダイエットは生活習慣の改善でライフスタイル。それを正しく理解することが成功への第一歩。

禁止ばかりはいやになるよね

◆「押すな」は「押せ」、「食べるな」は「食べろ」

ダイエットでストレスをためて不幸にならないための方法を紹介しておきます。ヒントはダチョウ倶楽部です。あのお笑いの。

ダチョウ倶楽部の持ちネタといえば、熱湯風呂です。一人が熱いお風呂の浴槽にまたがって、他のメンバーに「押すなよ、絶対押すなよ!!」とことばをかける、あれ。

もちろんこれは本当に押さないで欲しいのではありません。フリとして「押すな」と言っているわけです。言われたメンバーはその意図を汲み取って、しっかりと押します。押して、押すなと言ったひとを浴槽の熱湯に落とす。そのリアクションに対して笑いが起きるという芸です。つまりダチョウ倶楽部の「押すなよ」ということばの裏には、「本当は押せよ!!」という意味があるわけです。

ひるがえって、ダイエットについて考えてみましょう。ダイエットをしているひとは、自分に誓いを立てていませんか？

「〜を食べるなよ！」

という誓い。あれ？　これって、ダチョウ倶楽部のセリフと似ていますよね。熱湯風呂の法則（勝手に名付けた）を適用すると、「押すな」が「押せ」であるように、**「食べるな」は「食べろ」の合図**となってしまいそうです。

◆人間の脳は否定語を理解できない

なにをふざけたことを言っているのか。ダチョウ倶楽部はお笑いだろ！　こっちはダイエットを真剣にやってんだ、と思われるでしょうか。

たしかに、少しふざけていましたが、「〜するな」は、「〜しろ」の合図になり得るかもしれないとしたら、ちょっと怖いですよね。

ここからは真面目な話をします。

実は、**人間の脳は否定語や禁止語を理解できない**のです。

たとえば、こう言われたらどうですか？

「ピンクの象を決してイメージしないでください」

あなたはただちに、ピンクの象をイメージしましたよね？　脳内ではいちどピンクの象を想像し、それから、あわてて、そのイメージを消去しようとしました。つまり、結果的には、ピンクの象をイメージしてしまったわけです。

◆食べ物をイメージすると食欲が刺激される

では、ピンクの象を食べ物に置き換えるとどうなるのでしょうか。

仮に「ラーメン禁止」という目標を掲げたとします。強い決意です。絶対食べないように、そして、この目標を絶対に忘れないように、あなたはスマホのロック画面にも「ラーメン禁止!!」と入力し、万全を期しました。

これで安心でしょうか？　いや、実際はその逆です。「ラーメン禁止」というフレーズを見るたびに、あなたは脳内でいちど、ラーメンを思い浮かべてしまうのです。そして、あわててラーメンのイメージを打ち消す。これをくり返します。つまり、無意識のレベルで、何回も何回もラーメンが脳内に刷り込まれていく……。そうするとどうなるか。

人間は食べ物を見たり、イメージしたりした瞬間、食欲のスイッチがオンになります。

「ラーメン禁止」と決めたばかりに、ラーメンに取りつかれ、結局、ラーメンが食べたくなってしまう。こんな悲劇ってないですよね。

そもそも人間は、がまんを長続きさせることができません。

アメリカで行われた実験によると、**「太りそうな食べ物をがまんすればするほど、それを食べたくなってしまう」**ということがわかっています。

一説には、**がまんすることによって、通常の1・5倍の強さの欲求で食べたくなり、結果として、通常の2倍もの量を食べてしまう**とも言われています。

あなたが、いくら強靭《きょうじん》な精神を持っているとしても、普段はがまんしている食べ物を口に入れてしまうタイミングは、確実に訪れます。友達の誘い、職場の飲み会など、予期せぬタイミングはいくらでもあるのです。そこで少しでも食べると、いままで**がまんしていた反動で止まらなくなってしまう**のです。

これは心理学用語で「どうにでもなれ効果」と呼ばれています。ダイエットをするうえでは、邪魔になる心理現象です。

過度な抑圧は必ず反発を生む。

そのことを覚えておきましょう。

◆禁止目標ではなく実行目標

では、どうすればいいかというと、コツがあります。目標を立てるときは、「～しない」という禁止目標ではなく、「～する」という実行目標を活用するとうまくいきます。

禁止目標とは、

- ラーメン禁止
- 炭水化物（糖質）禁止
- エレベーター禁止

といったものです。それに対して、実行目標は、

- ステーキを食べる
- タンパク質を中心に食べる

といったものです。**禁止の代わりに行う代替行動を、意図的に目標に据える**わけです。「～をしちゃだめ」ではなく、「～をしたい（～をすべき）」にする、ということですね。禁止目標で、「～を食べるのを禁止」「23時以降は食べてはいけない」といった目標を設定してしまうと、「カロリー摂取は悪」というイメージが刷り込まれて、**食べる行為そのものに罪悪感を抱くようになる、**といったリスクもあります。罪悪感は個人の自己肯定感や幸せを阻害します。

カナダの大学が行ったダイエットの効果を測る実験によると、**禁止目標を実行目標に置き換えた結果、実験参加者の3分の2が減量に成功し、16ケ月後もなお、体重をキープしたという結果**が報告されています。

ネガティブではなくポジティブなアプローチを試みましょう。

◆ダイエット以外のあらゆることでも応用可能

「脳は否定語を理解できない」という理論は、ダイエット以外のあらゆる場面でも応用できます。

たとえば、子育て。

子どもを叱るときって、つい、「〜しちゃダメ！」と言ってしまいがちですよね。でも、ひとの脳は否定語を理解できないから、結局その行動をくり返すことになります。**幼少期に否定ばかりされて育つと、自己肯定感が低くなってしまう**恐れだってあります。だから、できるだけ否定語ではなく、肯定的な表現で伝えてあげるのがいいですね。

他にも、誰かにお願いするときや指示を出すときなんかにも応用できますよ。

33

寝る前に自分を褒めてあげよう

1日の終わりには自分を褒める。今日よかったことを思い出してみて。褒められるところなんてない？　1日を無事に暮らしただけで、あなたは偉い。おやすみなさい。

就寝前の記憶は睡眠中に脳内に刷り込まれるそうです。だから、良くも悪くもあなたの人生を左右します。1日の終わりは自分を褒めて終える。人間は精神が不安定だと、不健康な食生活を好むようになります。ストレスがある1日を過ごしたとしても、眠る前くらい自分をいたわって。明日からまた、新しい1日を健やかに送れるように。

MIND 6

体重計なんかに負けない。

負けない。

34

体重計をこわがるのはやめよう

朝起きて、体重測定。「体重が減ってる＝脂肪が減った！　いい感じ!!」「体重が増えてる＝は？　水分だろ、なめんな！」これくらいの気持ちでOK。体重計なんかにメンタル負けないで。

朝起きて体重を測って。前日よりも1キロ増えてしまった。一日中、憂うつ。それくらいダメージを負ってしまうというひとは多い。でも、安心してくださいね。人間の体重なんて、朝と夜で1キロくらいは余裕で変動します。それは脂肪が増えたのではなく、体内の水分量が変動しただけです。生理前のむくみもそうですし、塩分が多いものを食べたら体は水をためこみます。逆に、入浴後やトイレの後に測れば、体重は減ることもあるし。でも、それが痩せたわけではないことはわかりますよね？

35

シンデレラ体重なんて〝まやかし〟

シンデレラ体重。憧れる。気持ちはわかる。でも、無理して「なる」ものではない。

「シンデレラ体重」や「美容体重」ってことばがありますよね。モデルさんみたいな体型になりたくて目指すひとが多いけど、ちょっと待って。「シンデレラ体重」は一般的に「身長（m）×身長（m）×20×0・9」で算出されます。身長160センチのひとなら、46・1キロ。BMI（健康のための体重の指標）が18で、これは「痩せ（低体重）」に分類されます。病気になりにくいとされるBMIは女性の場合22でBMI18って「痩せ」と便宜上言われているけれど、「栄養失調」に分類されてしまう。健康体ならいいんです。でも、そういうひとは、普通に生きていてもその体重を維持できるってこと。無理してなろうとしている時点で健康から遠ざかっていないか、よく考えて。

36

体型チェックの指標を持とう

体重は日ごところころ変わる。だからつい、体の変化を体重計に求めてしまう。でも結局大事なのは、見た目が変わっているかどうかだよ。見た目の変化って気づくのに時間がかかるんです。だから、よく観察してみる。

「体重信仰」が強すぎるあまり、ダイエットをしているひとはよく目的を見失いがちになります。たとえ体重が増えたとしても、身体が以前よりも明らかに引き締まったならば、それで大成功なのに。「木を見て森を見ず」ということばがあるけれど、ダイエットをがんばって、きちんと体重や体脂肪率なんかを記録していると、どうしてもそのことにばかり意識がとらわれてしまうんですね。木ばかり見てしまう。でもそうではなくて、全身鏡で姿をチェックしたり、ウエストがきつかった服の着心地の変化を感じたり、体重計以外のセルフチェックの指標を持つといいですよ。

37

体重計に結果が表れないことでやけになるのをやめよう

「体重増加＝太った」ではない場合がある。「体重減少＝痩せた」ではない場合もある。体重は目安の一つになり得るが、それ以上でも以下でもない。わりとただの数字。やけになってダイエットをやめるのは、もったいない。

体重のみをダイエットの指標にすると、「減らない→ダイエット失敗→もうやめよう」という気持ちになりがち。で、挫折してしまう。でも、体重が減らなくても実は「いい変化」が起きている、ということもあるんです。だとしたら、やめるなんてめっちゃもったいないですよね。それに、理想の体重と理想の体型は必ずしも一致しないということも知ってください。目標体重になったのに理想の体型と違う、なんてことはよくあります。逆に、理想の体重より重いけど理想の体型に近づけたということも余裕で起きますよ。

38

体重が減った！　という経験の落とし穴を知っておこう

短期集中、必死でがんばった！　結果、痩せた！　すごいです。だけど、その成功体験がダイエット失敗の要因になることが、ある。

食事制限で短期に一気に痩せるダイエットプログラムが人気です。テレビのダイエット企画でも、タレントさんが短い期間で結果を出している。触発されて短期集中でダイエットをする方がいらっしゃいます。見事に成功して、大幅に体重が落ちた。その努力はすごいことです。だけど、注意が必要。過度な食事制限により短期で痩せるということは、かなり無理をしているということだから。無理をしないと維持できない体重・体型って、そもそも不自然なんです。しかも、いちど成功した体験が脳裏に焼きついてしまうと、リバウンドしたときも年を取ってからも、そのときの経験を意識して挫折しがち。急速なサイズダウンには落とし穴があります。

体重計が憎ければ、体重計を知る

◆体重体組成計ってあくまで目安にしかならない

あなたが体重計の数値に一喜一憂する方なら、まずサクッとお伝えしておきましょう。

その機械、正直あまりあてにならないですよ。

信じられないかもしれません。「え、じゃあ、体重計ってなんなの?」。そう思われたかもしれません。なにせ、ダイエットといえば、体重を減らすこと、体脂肪率を減らすこと、そのためにも毎日体重計に乗り、体の状態を自覚する。そう思っていらっしゃるのは当然のことです。だけどほんとうは、**体重はダイエットの進捗を知る指標の一つでしかない。**

そして、その**指標を数値で提示してくれる体重計が、案外、適当な機械である。**その二つを知っていただきたいです。

さて、ここまで体重計という単語を使いました。でも、現在は体重計といっても、体重だけではなく体脂肪率や筋肉量を測ることができる製品が主流です。正確には、体重体組成計と呼ばれる製品です。

体組成とは、筋肉、脂肪、骨といった、人体を構成する要素のこと。こうした体組成のバランスをチェックすることが、体の健康状態を知る一つの目安とされるわけです。主に測れるのは次のような項目です。

- ●体重
- ●体　脂　肪　率：体重のうち、体脂肪が占める割合を示す。
- ●内臓脂肪レベル：体脂肪のうち、内臓の周りについている内臓脂肪の面積を示す。
- ●骨　格　筋　量：筋肉のうち、体を動かす骨格筋の量を示す。
- ●基　礎　代　謝：生命維持に必要なエネルギー消費を示す。
- ●Ｂ　Ｍ　Ｉ：Body Mass Index（体格指標）の略で、体重と身長のバランスから肥満度を判定する国際的な指標。

（※標準値については巻末付録をご参照ください）

こんなに測ってくれるのに、あてにならないってどういうことでしょうか。こんなことを書くとメーカーさんに怒られそうですが、でも、ほんとにあてにならないんだから、しょうがないのです。

有名メーカーが生産している一般家庭向けの体重体組成計はもちろん、会費が高いパーソナルジムに置いてあるようななんだか高そうな機械でさえ正確な数値を算出することはできないのです。その数値がどれくらいあてにならないかというと、

- 朝と夜
- 食前と食後
- 運動前と運動後
- トイレ前とトイレ後
- 生理前と生理後
- お風呂前とお風呂後

などで計測して数値が大きく変動することは往々にしてあるほどです。**トイレの前後なんて数分の差です。それで、体脂肪率が本当に変わるなんてあり得ない**ですよね。

では、なぜこんなにあてにならないのでしょうか。計測のシステム上、しかたがないのです。

複雑な話になるので、簡単に。家庭用の体重体組成計も、高級なジムに置いてあるようなものも、インピーダンス法と呼ばれる方法で体組成を計測します。体内に微弱電流を流し、その流れやすさによって計測するシステムです。脂肪は電流を通しにくく、筋肉は電流を通しやすいという性質を持つからです。もっとざっくりと言うと、「体内の水分量」を指標にして、筋肉量やら、脂肪量やら、そこから導き出されるあれやこれやを計測しているのです。

し、か、し!!

体内の水分量というのは、1日のなかでもだいぶ変動するのです。そのため、体重体組成計が計測する数値も、コロコロ変わってしまいます。たとえば、胃のなかにさっきの食事が残ってるとか、そんな理由で水分量は変わります。

さらに、もっと言えば体重体組成計には相性があるような気がします。これは個人的な見解ですが、まったく同じ体（正確に同じなんて、ありえないけど）の二人が測定しても、一人の数値がもう一人よりも良いなんてことがありそうです。

僕自身、体重体組成計との相性は良くありません。あるとき、コンテストに出るため、バキバキに体を絞りました。それなのに、体脂肪率が15％ちかくもあったのです。体の状態を見るかぎり実際には5％ほどのはずです。体組成計が2ケタを表示したのを見てから、「ああ、意外と信用できないんだな」と体組成形との付き合いかたを改めるようになりました。

◆体重体組成計とうまく付き合う

ここまで、体重体組成計の悪口を散々言ってきました（メーカーさん、ごめんなさい）。でも、だからと言って体重体組成計を使わないほうがいい、というわけではありません。むしろ、やっぱり使ったほうがいい。

そのいちばんの理由は、**最初に表示された数値を基準にすることで、ダイエットの進捗状況がわかる**ことです。起きてすぐに測るというふうに、測定するタイミングを固定化することで、ある程度のデータを採ることができます。もちろんそれでも誤差はありますが、**指標をいくつも持つことは、総合的な判断をするうえで役に立ちます。**

ほかにも、こんな指標がありますよ。

- 食事内容の記録（カロリー計算、栄養管理）
- 姿見で体型の目視（自撮りで客観視がオススメ）
- 同じ服（ジーンズなどがわかりやすい）を定期的に着用する

様々な指標を持ち、記録する習慣をつくると何をどれだけ食べたら太るか、あるいは痩せるかといったことが体感でわかるようになっていくのも大きな利点ですね。さらには、そうして意識的に行なっている行動は、やがて無意識でも行える習慣になっていくものです。

◆「数値」では幸せになれない

とはいえ、それでもあなたが、体重や体脂肪率にどうしても振り回されてしまうならば、話はまた別です。**ダイエットで推移するあらゆる「数値」は、あなたの行動の「結果」でしかありません。**あなたがとるべき行動は、

- 食生活を整える
- 適度な運動をする
- 睡眠をしっかりとる
- ストレスを溜めない
- 自分を大切にする

といったことです。これらを実践することで、「結果」として体重は落ちます。気づいたら体重が落ちていた、というイメージ。

しかも、先ほど言ったとおり、体重体組織計の「数値」はきわめて不安定なものです。

にもかかわらず、**「数値」にとらわれて、「体重を落とすため」に行動をしてしまうひとがとても多い**のです。これでは、**順序が逆**なのです。

もちろん気持ちはわかります。体重体組織計が示してくれる「数値」というのは目に見えてわかるし、数値が良くなれば前進している感覚を得られますから。でも体重って、わかりやすく右下がりの直線で落ちていくものではないのです。それよりは、日々アップダウンをくり返し、ギザギザの線を描きながら右下がり傾向で落ちていくものです。だから、増えたり減ったりはむしろ当たり前。

そして、あえて少し厳しい言いかたをしますね。

体重や体脂肪率などの「数値」に一喜一憂しているうちは、決して満たされない。仮に目標体重を達成しても、決して幸せにはなれない。

「数値」に縛られると、ほんとうに大事なものを見失ってしまうのです。もしかしたら、いまはピンとこないかもしれません。それでもどうか、なんとなくでもこのことを頭の片隅に置いておいてください。

◆体重を測らないという選択

「数値」は、そもそも不安定。
「数値」は「結果」に過ぎない。
「結果」につながる「行動」が問われる。
よって、「数値」にとらわれない。

ここまでわかりましたよね。体重体組成を測定するのは、あくまでダイエットを効率よく進めるためです。それなのに、測る行為そのものが足枷《あしかせ》になる。これでは本末転倒です。頭で理解しても、それでもやはり「数値」が怖いという方には、こんな方法をお勧めします。

体重計に乗るのを、いっそやめる。

実は僕は、最近は体重を測っていません。体重計を持っていないのです。いま自分が何キロか、知りません。よくサウナにいくので気が向いたらそこで測るくらいです。減っていても増えていても、「へえ」。その程度の感慨しかありません。一喜一憂とは無縁です。「数値」に縛られていないからです。

僕が信じているのは「数値」ではなく、自分がしてきた「行動」だから。

いまはダイエット指導者の立場ですが、かつて僕は太っていた時期があります。そのときは色々なダイエットを試したし、体重計が怖かった。ダイエットの失敗もたくさん経験してきました。だから、体重計が怖いという方の気持ちはよくわかるつもりです。僕の場合、試行錯誤の末いまは体重との向き合いかた、体重体組成計との付き合いかたがわかりました。だから、こうしてお伝えしています。

怖いときは、相手のことをよく知ろう。

おやつもジュースもやめたのに、体脂肪率が減らない……。一駅分長く歩くようにしているのに、筋肉量が増えない……。「数値」がついてこないのはなぜ？　しっかり「行動」

しているはずなのに……。

あなたがそんな不安を抱えているなら、大丈夫ですよと伝えたいです。**「結果」はいつだって、ちょっと遅れてやって来ます。でも、必ず来る。**だから、そのままブレずにいきましょう。どうか、「数値」に振り回されて、ダイエットをやめてしまったりしないでください。

大事なのは体重を落とすことではなく、正しいダイエットを継続すること。

毎日体重測定をすることよりも、食事改善や、運動を続けることにフォーカスする。

体重計に乗らないのも、それはそれで勇気がいるかもしれませんね。でも、体重計なんかであなたの魅力は測れませんよ。

超スゴイ。

MIND 7

運動までできたら超スゴイ。

39
休日、ごろごろするのをやめよう

「今週は忙しかったから1日、寝て過ごそう」。気持ちはわかるけれど、ちょっと待って。それって、かえって疲れが溜まるから。嘘だと思って、軽く体を動かしてみよう。これが、アクティブレストという方法。

アクティブレストは、積極的に体を動かすことで疲労回復を図る方法です。プロスポーツの世界でも使われはじめています。積極的に、と言ってもハードな筋トレや有酸素運動をする必要はありません。ストレッチやウォーキング、ヨガなど、負担にならない程度の運動でじゅうぶんOK。血行がよくなり、自律神経が整います。晴れの日なら、野外がいいですね。太陽の光を浴びて運動をすれば、精神面に影響を与える神経伝達物質のセロトニンが分泌され、こころまで安定します。セロトニンは幸福度アップにつながる物質。アクティブレストによる心地良い疲労で、夜はよく眠りましょう。心身ともにリフレッシュして、またがんばろう。

40 「食事管理×運動」は努力の最大値と心得よう

ダイエットにはレベルがある。レベル1は、「食生活を整えること」。「食事管理×運動」はレベルMAX。とても難易度が高いことなんです。無理せず続けられることからはじめていこう。

さあ、ダイエットをしよう！　と決意すると、つい、がんばろうとしすぎてしまう。厳密なカロリー計算をして、毎日有酸素運動をして、週に3回筋トレして……という風に。でも、それを続けるのってすごく難しい。ダイエットの第一歩はあくまで、食生活を整えること。それも、新しく何かを「はじめる」というよりは、悪習慣を「やめる」ことから実践していくのがいいです。運動で痩せるのは大変なこと。だけど、運動には体重を落とす以外のポジティブな効果がたくさんあるから、適度に取り入れていけるといいですね。

41

運動コンプレックスを捨てよう

「体を動かすのは好きじゃない」「部活もずっと文化系だったし」「インドア派なんです」……。こんな風に考えているひとたちの多くが運動コンプレックスを抱えている。でも、心配することないよ。

運動が嫌いになる原因には、体育の授業が影響していることがよくあります。自分の体力や身体能力に合わない運動を強制されるし、他人と競わされたことがトラウマになるケースも多いです。大人になってせっかく運動してみようとジムの体験に行けば、トレーナーに「運動はいいですよ！」なんて、ごり押しされて、気後れした……、なんてこともある。でも、これはちょっとトレーナーが悪いと思います。トレーナーになるようなひとは、もともと運動神経が良くて、体育の授業も好きだったひとが多い。だから、運動が嫌いで、苦手意識があるひとの気持ちがわからないことがあるのです。自分の常識は他人の非常識。それがわからないのだと思って気にしないこと。ただ、本来は体を動かすのは心地良い行為だから、嫌々でなくできる運動を見つけることをあきらめないでほしいです。楽しめる運動、ありますよ。

42

ジムをサボりたいときは思考停止してみよう

サボりたいなあ。そんなときの対処法を知ってる？　それは、思考停止してみること。何も考えず、いったんジムまでは行ってみる。サボるかどうかは、ジムに着いてから決めればいい。

とにかく「行く」。行くことを目的にする。何度でも言いますが、人間は基本的に怠惰な生き物です。だからジムで運動するかどうかを考えはじめると、高確率でサボるほうを選択してしまいます。仕事が終わって疲れているとき、「今日はどうしようかな？」なんて迷ったら、それは「行かない」ほうを選びたいですよね。でも、「行くだけ」であれば、ハードルは下がる。行って、30分ぼんやりしてるだけでもいい。そして、行きさえすれば、「やってくか〜！」って気持ちになるものです。エンジンを温めるように、準備運動をするように、実際の目標よりも〝手前〟に目標を設定しちゃいましょう。

43

元気がないときほど、動こう

気分が落ち込んでいるから寝ていたい。モチベーションが上がらない。そんなときに元気が出るいい方法がある。布団から出て、動く。たったそれだけ。

人間の体って不思議で、「動かない」と「動けなくなる」のはご存じですよね。高齢者の方だと、動かないことによってわかりやすく体の機能が低下します。これには「生活不活発病」という名前がついています。この現象、こわいのは体の機能だけではなく、精神の機能も低下させてしまうことです。ひどくなるとうつ状態に陥るなんてこともあります。荒療治っぽく聞こえるかもしれませんが、元気がないときは、騙されたと思ってとりあえず動いてみる。一歩、家の外に出る。これだけで、少し元気が出てくるものです。つらいから寝ているのでは、よけいにつらさが悪化してしまいます。

MIND 8

食べすぎたら「おいしかった！」でオールオッケー！

食べすぎた

44

「いただきます」「ごちそうさま」と手を合わせよう

「いただきます」と手を合わせて、目の前の食事とまっすぐ向き合う。食事を味わい、楽しむ。「おいしい」と声に出す。感謝を込めて「ごちそうさま」と手を合わせる。

食事はさながら真剣勝負のようなもの。「いただきます」で礼を尽くして、食事という目の前の相手に集中します。食べることに集中するから、スマホを見ながらなんてもってのほか。素直に「おいしい」と喜び、ひとと一緒の食事なら感想を分かち合うのもいいですよね。食べ終わったら、「ごちそうさま」で目の前の相手に再び礼を尽くす。これらのことはマナーだから言っているのではありません。食事に集中し、しっかりじっくり味わう行為って、実はダイエットをするうえでとても理にかなった行為なのです。

45

よく噛んでゆっくり食べよう

食事をていねいに食べるひとに太っているひとが少ないのには、理由がある。ていねいに美しく食べる行為が「美」をつくる。

咀嚼《そしゃく》は最強のダイエット技術です。時間をかけてよく噛むことで、脳の満腹中枢が刺激され、少ない量の食べ物で空腹が満たされます。つまり、自然と食べすぎを防ぐことができるのです。でも、よく噛むのって慣れないとなかなか難しいですよね。コツとしては、ひと口30回を目安に噛んでみる。食べ物を水で飲みこまない。ひとと一緒に食事をする。あるいは、自炊ならば、よく噛まないと食べづらいように工夫する。具体的には、繊維が多い食材を使ったり、食材を大きめに切ったり、硬めに調理したり。一回の食事は、最低20分はかけて食べることを心掛けてみてください。咀嚼には、食べすぎ防止以外にも便秘改善、脳の活性化、味覚の適正化、セロトニン分泌、アンチエイジング、ストレス解消などの効果があります。しかも、今日からただではじめられます。

46

食べ足りないときは、20分待とう

食べ終わって「もう少し食べたいな」ということがある。そんなときは、おかわりやデザートにすぐに手を伸ばさないこと。騙されたと思って20分待ってみて。秘技・食欲の先送り。

口に食べ物を入れてから、脳が満腹を感じるまでにはタイムラグがあります。満腹を感じるホルモンが分泌されるまでに時間がかかるからです。口に入れた食べ物は胃に運ばれ、胃から血液を経由して脂肪細胞に到達します。満腹ホルモンは脂肪細胞で分泌されます。だから、食べた実感がちゃんと得られるまで少し待ってみる。20分も経つと、自然と食欲が消えていることが多いです。これは、スナック菓子が途中でやめられず、一袋食べきらないと気が済まないひとにも活用できる原理。「やめられない、止まらない」は、意を決して「待つ」。待つ者が食欲に勝利します。

47

過食衝動のメカニズムを自覚しよう

ストレスが溜まっているとつい食欲に走ってしまう。これは脳の構造的に至極当然です。なぜなら食行動というのは、この世でもっとも手軽なストレス解消方法だから。でも実は、あなたの脳が求めているのは「美味しさ」ではなく「快楽」だったりして……。

「やけ食い」ということばがあるとおり、ひとはイライラすると暴食に走ります。ストレス食いがやめられないひとも多いでしょうか。そうした過食は脳が「満腹感」ではなく「快感」を求めているせいかも。食べることは「快感」に繋がるからです。食べると脳内では、セロトニンやβエンドルフィンなどの快楽物質が増えます。つまり気持ちいい。ストレスを食で発散していると、その行為がクセになっていきます。言わば依存です。怖いですよね。脳が求めているのは食事ではなく快楽というわけです。でもこれは、食以外で脳に「快感」を与えてあげられるようになれば、過食を防ぎやすくなるということ。「食べる」以外で脳内にセロトニンやβエンドルフィンを分泌するには、笑う、泣く、ハグをする、運動する、音楽を聴く、などがあります。たしかに、すっきりするのはわかりますよね。ひとそれぞれ合う方法は違うので、あなたに合った行動を見つけて備えましょう

「満腹」ではなく「満足」を得る

◆満腹なのに食べ続けてしまう理由

食生活を改善していくうえで、どうしても向き合わなければならないのが食欲です。食生活が改善されて健康的な食事内容になっていくとジャンクな食品がさほど食べたくなくなる、というのは本当です。しかし、**改善の過程ではどうしてもちょっとつらい時期もあります**よね。

- 食べてストレス発散！
- お腹がすいているわけではないけど口寂しい。
- 食べたい、食べたい、どうしても甘いものが食べたい！

● せっかくがまんできていたのに、タガが外れてドカ食いした。

こうした現象が起きます。こうした摂食行動を**「エモーショナルイーティング（情動的摂食）」**と言います。**感情に任せて食事をしてしまう**ことを指すことばです。

食生活の改善は、エモーショナルイーティングと向き合うことでうまくいきます。「ストレスでやけ食いしちゃったなあ」などと自覚ができている場合もありますが、日常で気づかないうちにエモーショナルイーティングをしてしまっているということは、よくあります。そこで本章では、なぜエモーショナルイーティングをしてしまうのか、どうすればそれをやめられるかについて、説明していきます。

◆僕らはなぜ食べるのか

まず、なぜエモーショナルイーティングをしてしまうのか。つまり、

なぜ満腹なのに食べ続けてしまうのか。

これを知るためには、僕らがなぜ摂食行動（食べること）をするのかについて理解する必要があります。

「あなたはなぜご飯を食べますか？」と聞かれたら、なんと答えるでしょうか。恐らくですが、この問いに対するもっとも的確な答えは、

生きるため。

間違いないですよね。生命維持は食べることによって支えられています。しかし、僕らが摂食行動をする理由は、実はもう一つあるんです。それが、

こころを満たすため。

このことは、あまり意識されていませんよね。食べるという行動には、本当は二つの役割があるわけです。そして、**この二つを満たすことではじめて、〝気持ちよく食事を終える〟**

ことができるのです。

◆食べることで得られる「満腹」と「満足」

食べる二つの目的によって得られる結果は次のとおりです。

① 生きるため（エネルギー補給／生命維持）↓満腹
② こころを満たすため（メンタル維持）↓満足

「満腹」と「満足」。似ていますよね。でも、この二つは似ているようでまったく違う状態を指すのです。

満腹＝物理的に胃が満たされている状態
満足＝こころが（精神的に）満たされている状態。

◆「満腹」なのに「満足」していないと食べる

では、本章の冒頭に戻って、なぜエモーショナルイーティングをしてしまうのかを説明しましょう。それは、

「満腹」だけど「満足」していないから。

多くの場合、食事をして、①のエネルギー補給はできているんです。つまり、カロリーはしっかり摂れていて、生命を維持するうえではなんの問題もない状態。しかし、**②の満足がないがしろになっている**わけです。

結果として、いつまでも食べ続けてしまう。お腹が苦しくても、まだ食べてしまう。こうしたエモーショナルイーティングが起きてしまうのです。

◆「満足」するための二つのアプローチ

「満腹」なのに食べ続けてしまうのは「満足」していないことが原因だから、これをやめるためには、こころを満たすことが大事です。

では、どうすれば「満足」できるかというと、

① 食事と向き合う＝正しい「食べしぐさ」で食べる

② こころと向き合う＝日常生活を充実させる

といった二つの角度からのアプローチをしていくとよいでしょう。

アプローチ① 食事と向き合う＝正しい「食べしぐさ」で食べる

食事と向き合うというのは、そのまんまの意味なのですが、もっとていねいに食事をとろうね、ということです。当たり前すぎる……。そう思われたかもしれません。しかし、これができているひとって、本当に少ないんです。たとえば、こんな食べかたは身におぼえがありませんか？

朝、時間がないから慌てて菓子パンを食べる。駅で携帯栄養食を口に放り込む。昼、デスクでパンをつまむ。スマホを片手にファストフードでサクッと済ます。食事の代わりに、ポテトチップスを一袋。夜、テレビを見ながら食べる。口寂しくて寝る前にお菓子を食べる。

つい、やってしまいますよね。ランチでお店に行くと、おひとり様のお客さんはだいたいスマホを見ながら食べていますよ。

こうした食べかたは食と向き合っているとは言えません。食事を雑に扱ってしまってる状態です。ちゃんと食べず、飲み込んでいるだけ。

では、食と向き合うためには、具体的にどうするといいでしょうか？　すでに出てきましたが、正しい「食べしぐさ」として次のようなことを心掛けてみてください。

- **「ながら食べ」をしない**
- **調味料をかけすぎない**
- **「美味しい」と声に出す**

- **食前食後に手を合わせる**
- **しっかり味わいながら食べる**
- **食べたいと思ったものしか食べない**

どうでしょうか？　ご自身の普段の食事を思い返してみましょう。

- 食事中テレビやスマホを見ていませんか？
- サラダにドレッシング、おかずに醤油や塩コショウをドバドバ使っていませんか？
- 飲み込むように早食いしていませんか？
- 他のことを考えながら食事していませんか？

これでは、**どれだけ食べても満足できないのは当たり前。**食事をキリよくスッと終えたいなら、食べすぎを防ぎたいなら、そして食べることに罪悪感を抱きたくないなら、しっかりと「食」と向き合ってみてください。正しい「食べしぐさ」はとても大事です。食と向き合うことで、食べたという満足度がアップします。そうすると自然と食事の量が減り、気づいたらダイエットもうまくいっていますよ。

アプローチ②　こころと向き合う＝日常を充実させる

こころを満たし、「満足」度を上げるためには、食事以外の生活を充実させることが効果的です。なぜなら、**エモーショナルイーティングは「足りない何かを満たす」ために行われることが多い**からです。たとえば、

- 寂しさ（孤独感）
- 虚しさ（喪失感）
- 悲しさ
- 怒り

こうした負の感情を抱えているとき、**自分を慰める手段として、食べる。**日常で満たされていないこころ、飢えている部分を、食べることで埋めようとしてしまうのです。お腹がすいているわけでもないのに食べたいとか、イライラするからどうしても甘いものが食べたいといったときに起きるエモーショナルイーティングです。でも、ここで冷静に考えてみてください。

こころの穴を食事で補完することは、残念ながら、無理。

もちろん、食べることで一時的に紛らわせることはできます。食べると脳でセロトニンが分泌されます。幸福ホルモンと呼ばれたりもするとおり、セロトニンが増すと快感がもたらされます。けれど、それは結局、脳のトリック。その場しのぎに過ぎず、本当の意味での解決には結びつきません。そして、根本的な原因が改善されないかぎりは何度でもエモーショナルイーティングをくり返してしまうでしょう。

まずは、**あなた自身のこころを見つめてみましょう。なぜ食べすぎてしまうのか、一人でじっくりと自分のこころに向き合う時間を持ちましょう。**

ちなみに、僕はよく、寝る前に日記をつけたりしています。ひと目を気にするＳＮＳやブログとはちがって、見栄を張らずに正直に、ありのままの自分を吐き出してみる。そして、吐き出したら、その日、自分がよかったところをいくつか書き出す。自分を褒めて眠りにつきます。

もちろん、自分の欠落感を見つけられたとしてもそれをすぐには満たしてあげることができない場合だってあります。たとえば、寂しさとか。でも、急に無理して新しい友達を見つけようとしたりなど躍起になる必要はありません。

大事なのは、**自分の満たされないこころを発見し、受け入れてあげること**です。

悩みとは、それを自覚できた時点で8割以上解決できているなんてことばもあるくらいです。満たされない何かがわかっただけで、気持ちがだいぶラクになりますよ。

◆食べすぎた翌日はどうするか

最後にエモーショナルイーティングの思わぬ原因をもう一つだけ紹介しておきます。「エモーショナル」とは「感情的」という意味です。ですから、**エモーショナルイーティングは感情が乱れたときにも発動しがち**です。

感情が乱れるとは、どういうことでしょうか？　先ほど挙げた、怒り、悲しみといったネガティブな感情は代表的なものですよね。しかし、逆にポジティブな感情によってこころが乱れることもあるのです。たとえば、楽しさや嬉しさ。喜びでハイテンションになる。興奮してこころが乱れる。こういう経験は誰しもあるでしょう。ハイテンションで食べすぎちゃう。こんなエモーショナルイーティングもあるのです。たまに、ご褒美でそういう食べかたをする分には全然かまわないですけどね。

なにはともあれ、自分がどんなときに過食をしやすいのかを把握しておくことは大切です。**過食にはなにかしらの〝トリガー〟があります。**先ほど挙げた日記もそうですが、まずは自分がどんなときに過食をしてしまうのか、その前後関係を思い出してみましょう。

そして過食してしまった翌日はどうするといいか、という質問を受けることがあります。旅先でおいしいものを食べたり、楽しい飲み会で食べすぎたり。よくありますよね。

この質問に関する回答はシンプルで、**食べすぎた翌日は、普通に過ごす（食べるすぎる前の食生活を送る）**のがいちばんです。

体脂肪を1キロ減らすのに必要なエネルギーは約7200キロカロリーだと説明しました。逆も然り。1キロ体脂肪を増やすには7200キロカロリー必要です。1日くらい食べすぎたと言っても、7200キロカロリーも食べるのはなかなか大変です。食べた翌日体重が増えていたとしても、水分や胃に残っている食べ物。誤差です。長い目で見たときに食べすぎていなければいいのです。だから、冷静に普通どおり過ごしてください。

嬉しい！　悲しい！　腹が立つ！　生きているといろんなことがあるけれど、日ごろからぜひ、感情をコントロールする訓練をしてください。感情のコントロールってなかなか難しいのですが。そうですね、**コントロールというよりも、「感情が乱れているな」と気づく訓練**です。自分を客観視する訓練。これ、「メタ認知」って言います。メタ認知を高めることは、エモーショナルイーティングのみならずいろんな場面で役に立ちますよ。

◆食べる以外のストレス発散法を体得する

エモーショナルイーティングの仕組みについては理解できたことと思います。結局、食べることっていちばん簡単なストレス発散の手段なのですよね。だから、ついやってしまう。

でも、**食べることで発散できたような気がするのはほんの一瞬**です。食べているときは幸せでも、われに返ると、食べてしまった罪悪感にさいなまれる。そして、罪悪感がまた、ストレスの原因になってしまう。まさに負のループです。

「嫌なことがあると過食に逃げてしまうんです」という相談を受けることがあります。とても悪いことをしてしまったと後悔でいっぱいの気持ちが伝わってきます。でも、僕はそれが「逃げ」だなんて思いません。

説明したとおり、**過食衝動は脳の働きで起きる**ものだからです。

セロトニンを分泌させてストレスを緩和させるという働きを促すために起きるものだから、**意志でどうにかなるというよりは、どちらかといえばそうならざるを得ない**という類の現象なんです。

ストレスを抱えすぎると、心身に悪影響を及ぼします。精神のバランスを崩せば、うつ病や適応障害といった病気になることだってある。その状態を回避するために、脳がなんとかするよう指令を出すわけです。結果として、指令を受けたあなたは、過食という選択をしてしまった、ということです。

ですから、**過食という行為は「逃げ」ではなく、あなたを守るための手段なのだ、**と考えてみませんか？　自分を責める必要はありません。ただ、過食してしまったときは、そういう現象が起きていたのだと認識することです。これも一種の「メタ認知」ですよね。

「ストレスを感じ、食べることでこころの安定を図るよう脳から指令を受けているときに、わたしは過食衝動に襲われる」

そう知ったならば、次に過食衝動が起きたときは、食べること以外でうまくストレスを発散できるといいですよね。それでもなお、過食衝動に襲われることはよくあります。そんなときにやりすごす方法として、次の３ステップをおさえておきましょう。

STEP１　**３回深呼吸**をする

STEP2　食べたいという**欲求を自己認識**する
STEP3　**3分間、ほかのことに集中**する

深呼吸をすることによって、いったん冷静さを取り戻します。ついドカ食いしてしまうのは、「過食衝動に襲われると、頭のなかが食べ物で埋め尽くされ、何も考えることができなくなるから」です。これは過食のみならず、三大欲求すべてに当てはまりますが、衝動的な欲求が襲ってきているときって「まともな判断」ができません。「欲求（衝動的な食欲）」→「行動（食べる）」の間に、思考が入り込む余地がないのです。本能は理性に勝るというやつでしょうか。そこで欲求から行動に移る間に、少しでも「余白」をつくってあげるといいのです。深呼吸で余白をつくるんです。

次に、「食べたくてたまらないわたしに起きていること」をメタ認知します。そして、最後に、食べることと完全に切り離された何かに3分間集中してみる。マンガを読む、スマホゲームをする、スクワットをする。なんでも構いません。人間の衝動は長続きしないようにできています。

アンガーマネジメントという、怒りの感情をコントロールするためのメソッドがあります。怒りとは衝動的に沸き起こるものです。メソッドの一つに、怒りが沸きあがってきた

ときには、こころのなかで6秒数える、というものがあります。6秒のあいだに怒りのピークが過ぎ去り、衝動に走るのを防ぐというわけです。3分間ほかのことに集中するというのも同じことです。

ほかにも、わりと簡単にできる対策として、

- その場で軽く体を動かす
- 日の光を浴びる
- ガムを噛むなどの咀嚼をする

などがあります。これらはすべて、**セロトニン分泌を促す**行動です。

もう少し手の込んだ対策としては、ひとそれぞれ違うと思いますが、自分が楽しいと思えることがオススメ。

- 運動（スポーツ）
- 読書

● エステ／マッサージ
● ショッピング
● おしゃべり
● 歌う
● 創作活動

キリなくありますが、「心地良い！」「幸せ！」と感じられる行動を選びましょう。「食べるのも忘れて」ということばがありますが、**食べるのを忘れるほど打ち込めるような何かを見つけられるといい**ですね。打ち込んでいるあいだは、食べるのを忘れるばかりか、ネガティブな感情もだいぶ解消されているものです。

「満腹」と「満足」は違うということをお伝えしました。過食に走りそうなときは、本当にお腹がすいているのか、自分自身に問うてみてください。もしほんとうは空腹というわけではないのなら、こころを満たすことを考えてあげましょう。自分を満たすことを第一優先で。

48 食べすぎたときは、後悔せずに次に活かそう

がんばっていたのに、集中の糸がプッン。暴飲暴食に走ってしまった。自己嫌悪に陥りますよね。でも、ヤケを起こさないこと。食べすぎたときは「おいしかったなあ、また、がんばろっ！」でOK。

ぶっちゃけ、たまの暴食なんて何の問題もありません（もちろん高頻度はあまりよくない）。1日食べすぎたとしても、長期的には帳尻が合っていればそれでいいんです。反省はしてもいいですが、後悔や自己嫌悪は問題です。食べすぎた事実は変えられませんが、解釈ならば変えられます。自分はどんな食べ物に刺激されやすいのか？　どんなときに暴飲暴食してしまうのか？　どんな誘惑に負けやすいのか？　傾向を自覚して、今後のために具体的な回避方法を考えてみるとよいですよ。

49

食べすぎた翌日は普通に過ごそう

昨日は食べすぎたから今日は絶食する！　いや、しなくていいです。食べ過ぎた翌日の過ごしかたは、普通に過ごすこと。特に何かする必要なんてありません。

食べすぎた翌日の過ごしかたを、もしあえて言うなら、元の食生活（改善した食生活のことです）どおり生活すること。絶食したり、野菜だけにしたり、何らかの意図的な調整を行うことで、負のループに入りがちだからです。「食べすぎた→翌朝体重が増えた→自己嫌悪→食事を抜こう！」。この構図に身に覚えがあるひとは多いでしょう。過食の翌日は余韻もあって、普段より食欲が高まっていることも多いのです。それなのに無理やりがまんすると、夕方くらいには糸が切れる。そのままなし崩しで食べてしまう。反発でかえって食べすぎてしまい、翌朝また自己嫌悪。これをくり返した結果、ダイエットに挫折するということが起きてきます。

50

幸せに生きよう。そうしよう！

あなたが求めているのは「満腹感」ではなく、「幸福感」。ほんとうに必要なことは「食べること」でなく、「癒されること」。だから前向きに、幸せに、生きてみよう。

食べることは、いちばん簡単なストレス発散法です。食べて脳からセロトニンが分泌されることで、幸福感が得られるから。でも、それってつまり、お腹がすいているから食べるのではなくこころが空虚だから食べているだけなのかもしれません。それならば、満たされないこころの〝足りない何か〟を食べる行為以外で埋めてあげられたらいい。要するに、幸せになればいい。僕たちが想像しているよりもずっと、ダイエットの成功には、メンタルを整えることが不可欠なのです。自己否定はやめる。罪悪感にさいなまれるのはやめる。できなかったことよりも、できたことを評価してあげる。前向きな将来を想像してみる。しっかりと食事を楽しみ、よく動き、よく笑い生きていく。どうか、幸せに生きてみてください。応援しています。

おわりに
ダイエットは幸せに生きるための手段の〝一つ〟

「じゅんさんって、常にダイエットしてるんですか？」

ここ最近で、いちばん考えさせられた質問です。
この質問に対して端的に答えるのであれば、

「しているけれどまったくつらくない」

となります。

さらに噛み砕くと、

ダイエットに必要な行動（栄養バランスのとれた食事、適度な運動、睡眠、ストレスコントロールなど）を無意識的に、習慣的に行なっている状態です。

つまり僕はそもそもダイエットをしている感覚を持っていなくて、いつもごく当たり前の生活をしているだけ。でもそれが本来の意味での「ダイエット」ということなのだと思います。僕が理想とする**ダイエットは生活習慣であり、ライフスタイル**だから。

体が欲する食べたいものを食べ、快適な体を保つために運動をし、体を回復させるために睡眠をとる。これらの行動に対してストレスはありません。

もちろん現代社会を生きていればたまにデザートやジャンクフードを食べたくなりますし、ひと付き合いのなかでは食べなければいけない機会にも遭遇します。そういうときは、気にせず食べればいいのです。

土台がしっかりしていれば、たまに暴飲暴食をしたり運動をサボったりしてもなんてことはないのだから。

でもたぶん、多くのひとにとっては、「ダイエット＝非日常のイベント」なんですよね。

質問してくださった方も、普段の生活とは違う生活をする違和感から、こんなこといつもやっているの？　という意味で僕に聞いてくださったのでしょう。そして、いま現在ダイエットをしているほとんどの方々も同じような感覚をお持ちだと思います。

しかしながら、本書で述べてきたようにイベント感覚で行われるダイエットは高い確率で挫折してしまいます。仮に一時的に痩せた（体重が落ちた）としても、時が経てばもと通りになってしまう。過度な抑圧は確実に反発を生むからです。

だからこそ**「そもそもダイエットってなんだっけ？」という定義の部分から見直す**必要があるのです。

ダイエットのことを正しく理解し、正しいアプローチで実践していくことが大切となります。

- 痩せてきれいになりたい
- 自分に自信を持ちたい
- 人生をより良くしたい

こうした目標を持つことは素晴らしいことだと思います。

ただ、必ずしもあなたがダイエットをする必要はありません。**痩せなくても幸せになる**

方法はいくらでもあります。本書のはじめに述べたように、現代社会では「ダイエットをしていない＝美意識の低いひと」とした価値観が形成されています。しかしそれはメディアによってつくり上げられた〝偽〟の価値観です。あなたがそれに縛られる必要はありません。

本書の最後にあなたは「痩せたいと思っているのか」「痩せたいと思わされているのか」を考えてみてください。

自分の気持ちとして痩せたい、と感じるのであれば本書の内容を参考に無理のない範囲でダイエットをがんばっていきましょう。

ダイエットは人生を豊かにする〝手段の一つ〟です。
あなたの人生がより豊かなものになりますように。

二〇二一年八月

じゅん

■ 標準体重

$$\text{標準体重}\ \square\ \text{kg} = \text{身長}\ \square\ \text{m} \times \text{身長}\ \square\ \text{m} \times 22$$

㊞ 身長160cmの場合：1.6(m)×1.6(m)×22＝56.3(kg)

■ BMI（Body Mass Index／ボディ・マス・インデックス）

$$\text{BMI} = \text{体重}\ \square\ \text{kg} \div \text{身長}\ \square\ \text{m} \div \text{身長}\ \square\ \text{m}$$

㊞ 身長160cm、体重57kgの場合：57(kg)÷1.6(m)÷1.6(m)＝約22.3

判定	ＢＭＩ値
痩せ	18.5 未満
普通	18.5 以上 25 未満
肥満（1 度）	25 以上 30 未満
肥満（2 度）以上	30 以上

※日本肥満学会（1999 年 10 月）発表

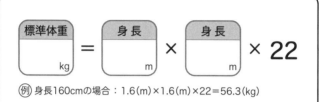

■ 体脂肪率

	男性	女性
低 (1)	～8.9	～18.9
低 (2)	9.0～11.9	19.0～21.9
低 (3)	12.0～14.9	22.0～24.9
標準 (1)	15.0～17.9	25.0～27.9
標準 (2)	18.0～21.9	28.0～31.9
標準 (3)	22.0～24.9	32.0～34.9
高 (1)	25.0～27.9	35.0～37.9
高 (2)	28.0～30.9	38.0～40.9
高 (3)	31.0～	41.0～

※エレコムの判定基準

■ 内臓脂肪レベルの判定基準　※対象年齢 18～99 歳

レベル		判定の捉え方
9.5 以下	標準	内臓脂肪蓄積のリスクは低いです。これからもバランスのよい食事や、適度な運動を維持しましょう。
10.0～14.5	やや過剰	適度な運動を心掛け、カロリー制限を行い、標準レベルを目指しましょう。
15.0 以上	過剰	積極的な運動や食事制限による減量が必要です。医学的な診断については医師にご相談ください。

※タニタの判定基準

■ 骨格筋率

	男性	女性
低（1）	～27.9	～23.4
低（2）	28.0～29.9	23.5～24.9
低（3）	30.0～31.9	25.0～26.4
標準（1）	32.0～33.9	26.5～28.9
標準（2）	34.0～35.9	29.0～30.9
標準（3）	36.0～37.9	31.0～32.4
高（1）	38.0～39.9	32.5～33.9
高（2）	40.0～41.9	34.0～35.4
高（3）	42.0～	35.5～

※エレコムの判定基準

著者略歴

じゅん

ダイエット飯研究家／パーソナルトレーナー

栄養バランスが良く、食べ応えがあって、しかも簡単。SNSで発信する、独自のダイエットレシピ「痩せるズボラ飯」が人気。「がまんする食生活」の常識をくつがえし、ダイエット中の不安にやさしく寄り添う言葉が支持を集める。心身ともにしあわせになるための「ライフスタイルとしてのダイエット」を目指している。ツイッターやインスタグラムなど、SNSの総フォロワー数は30万人を超える（2021年8月現在）。著書に『痩せるズボラ飯』（KADOKAWA）がある。

■ Twitter：@DietMan40（痩せるズボラ飯）
@jundiet40（ダイエットの知識）
■ Instagram：@dietman40

「デブは甘《あま》え」という呪《のろ》い。

2021年10月8日　初版発行

著　者　じゅん
発行者　菅沼博道
発行所　株式会社 CCCメディアハウス
〒141-8205　東京都品川区上大崎3丁目1番1号
電話 販売 03-5436-5721　編集 03-5436-5735
http://books.cccmh.co.jp

装幀・本文デザイン…西村健志
校正……………………株式会社円水社
印刷・製本…………… 豊国印刷株式会社

ISBN978-4-484-21224-1